Ein Wolf's Buch

Rogér Wolf

Metros - U-Bahnen - Subways
Teil 2

Mit Grafiken und Bildern
von
Rogér Wolf
und
Bodo M. Wolf

Ein Buch aus dem
Wolf 's-Verlag Berlin

Bibliografische Information Der Deutschen Bibliothek:

Die Deutsche Bibliothek verzeichnet diese Publikation in der Deutschen Nationalbibliografie; detaillierte bibliografische Daten sind im Internet über <http://dnb.ddb.de> abrufbar.

ISBN-10: 3-86164-020-1

ISBN-13: 978-3-86164-020-2

Wolf's-Verlag Berlin
1. Auflage 2006

Printed in Germany

Das gesamte Werk ist im Rahmen des Urheberrechts geschützt. Jegliche vom Verlag nicht genehmigte Verwertung ist unzulässig. Dies gilt auch für die Verbreitung durch Film, Funk, Fernsehen, fotomechanische Wiedergabe, Tonträger jeder Art, elektronische Medien sowie für auszugsweisen Nachdruck und die Übersetzung.

Einband und Gestaltung: Evelyn Wolf
Satz und Bildverarbeitung: Wolf's-Verlag Berlin
Herstellung: Books on Demand GmbH, Norderstedt

Bild auf der Titelseite: Die Metro von Lissabon in der Station Campo Grande

Inhaltsverzeichnis

Teil 2

Punkt	Inhalt	Seite
0.	Zum Titel	9
1.	Metros - U-Bahnen - Subways, Bedeutung und ihre Entwicklung	15
2.	Metro-, U-Bahn- und Subwaystädte der Welt	25
3.	Die Metros, U-Bahnen und Subways in den Städten	29

Teil 1 (ISBN 3-86164-022-8)

3.1. Alma-Ata bis 3.55. Hongkong

Teil 2

3.56.	Incheon	31
3.57.	Istanbul	34
3.57.1.	Istanbul I	35
3.57.2.	Istanbul II	38
3.57.3.	Istanbul III	40
3.58.	Izmir	43

Punkt	Inhalt	Seite
3.59.	Jacksonville	46
3.60.	Jekaterinburg/Swerdlowsk	49
3.61.	Jerewan	52
3.62.	Kairo	55
3.63.	Kalkutta	58
3.64.	Kasan	61
3.65.	Kiew	64
3.66.	Kitakyushu	67
3.67.	Kobe	70
3.67.1.	Kobe I	72
3.67.2.	Kobe II	74
3.67.3.	Kobe III	76
3.68.	Köln	79
3.69.	Kopenhagen	85
3.70.	Krefeld	90
3.71.	Krivoy Rog	93
3.72.	Kuala Lumpur	96
3.72.1.	Kuala Lumpur I	99
3.72.2.	Kuala Lumpur II	101
3.72.3.	Kuala Lumpur III	103
3.73.	Kuibyschew (Samara)	106
3.74.	Kwangju	108
3.75.	Kyoto	111

Punkt	Inhalt	Seite
3.76.	Las Vegas	114
3.77.	Lausanne	117
3.77.1.	Lausanne I	119
3.77.2.	Lausanne II	122
3.78.	Leeds	125
3.79.	Lille	130
3.80.	Lima	134
3.81.	Lissabon	137
3.82.	Liverpool	141
3.82.1.	Liverpool I	145
3.82.2.	Liverpool II	148
3.82.3.	Liverpool III	151
3.83.	London	154
3.83.1.	London I	157
3.83.2.	London II	160
3.84.	Los Angeles	162
3.85.	Ludwigshafen-Mannheim	168
3.86.	Lyon	171
3.87.	Madrid	176
3.88.	Mailand	180
3.89.	Manchester	183
3.89.1.	Manchester I	187
3.89.2.	Manchester II	189

Punkt	Inhalt	Seite
3.90.	Manila	192
3.90.1.	Manila I	194
3.90.2.	Manila II	196
3.90.3.	Manila III	198
3.91.	Marseille	200
3.92.	Medellin	206
3.93.	Meerbusch	209
3.94.	Melbourne	212
3.95.	Mexico Stadt	215
3.96.	Miami	218
3.96.1.	Miami I	220
3.96.2.	Miami II	222
3.97.	Minsk	224
3.98.	Monterrey	227
3.99.	Montreal	229
3.100.	Moskau	233
3.100.1.	Moskau I	234
3.100.2.	Moskau II	237
3.101.	Mülheim an der Ruhr	239
3.102.	München	242

Teil 3

3.103. Nagoya bis Zürich

0. Zum Titel

Für die Bewältigung innerstädtischer Verkehrsprobleme werden weltweit optimale Lösungen gesucht. In vielen wissenschaftlichen Studien und Untersuchungen wird die Priorität Verkehrssystemen eingeräumt, bei denen Transporteinheiten in unabhängigen, eigenen, von äußeren Störungen freien, Abläufen realisiert werden. Ihre praktische Umsetzung finden sie als Metros, U-Bahnen und Subways.

Bahnen des Nahverkehrssystems, vornehmlich Metros, U-Bahnen und Subways, sind Gegenstand der Betrachtungen in diesem Buch.

Auf allen Kontinenten, Afrika, Amerika, Asien, Australien und Europa, sind solche Bahnen entwickelt, konstruiert und gebaut worden.

Meist in den Großstädten, aber auch in kleinen, mitunter abgelegenen Siedlungen, wurden Verkehrssysteme installiert, die vergleichbar sind und überwiegend als Metro, U-Bahn oder Subway bezeichnet werden.

In alphabetischer Reihenfolge wurden diese bekannten Orte erfaßt, die in ihrem Nahverkehrssystem Metros, U-Bahnen oder Subways integriert haben.

Der Titel „Metros, U-Bahnen und Subways" wurde gewählt, weil der überwiegende Teil der zum gleichen Zweck betriebsmäßig eingesetzten technischen Geräte so bezeichnet wird.

Unter den Begriffen Metro, U-Bahn und Subway sind im allgemeinen schienengebundene Fahrzeuge zu verstehen, die zur Massenbeförderung von Personen im territorial begrenzten Raum dienen.

Bahnen, die sich nach diesen Kriterien zusammenfassen lassen, verkehren als Tunnelbahn, werden im Einschnitt, ebenerdig, teilweise im Straßenprofil oder auf Viadukten als Hochbahn geführt.

Die Bücher unter dem Titel „Metros, U-Bahnen und Subways" erscheinen in 3 Teilen.

Im Teil 1 sind die Metros, U-Bahnen und Subways der Städte des Alphabets von "A" für Alma-Ata in Kasachstan (Asien) bis einschließlich "H" wie Hongkong in China (Asien) erfaßt. Der Teil 2 beinhaltet gleiche Bahnen der Städte beginnend mit "I" für Incheon in Südkorea (Asien) bis "M" für München in Deutschland (Europa). Im Teil 3 werden Metros, U-Bahnen und Subways der Städte beginnend mit "N" für Nagoya in Japan (Asien) bis "Z" wie Zürich in der Schweiz (Europa) zusammengestellt.

Um kein rein wissenschaftliches Werk vorzulegen, wurde die Dokumentation mit vielen Bildern aufgelockert und bereichert. Damit wird zugleich auch die Gestaltung und Konstruktion der Fahrzeuge und anderer Einzelheiten zum Thema veranschaulicht.

Umfangreiche Literaturrecherchen sowie Angaben von Herstellern, Betreibergesellschaften und Stadtverwaltungen waren wesentliche Quellen des Materials zu diesem Buch. In Auswertung von Rundfunk-, Fernsehberichten und Fernsehdokumentationen sowie Artikeln in Zeitungen und Zeitschriften konnten weitere Informationen gewonnen werden.

Der größte Teil des Inhalts jedoch ist durch intensive Reisetätigkeit des Autors und des Bild-Autors vor Ort in Erfahrung gebracht worden. Nahezu 50 % der aufgeführten Städte wurden besucht und die dort im Personennahverkehr eingesetzten Metros, U-Bahnen und Subways erfaßt und dokumentiert. Die Ergebnisse sind Grundlage dieses Buches. Dennoch wird die Dokumentation nicht vollständig sein.

Autor und Verlag sind deshalb für Hinweise, die den Kenntnisstand bereichern können, dankbar.

Da Autor und Bild-Autor nicht alle Angaben persönlich und im Detail überprüfen konnten, wird die Richtigkeit der Aufzeichnungen in dieser Dokumentation nicht in jedem Falle gewährleistet.

Bezüglich der Erfassung aller Bahnen (Metros, U-Bahnen, Subways) ist auf folgende Fakten zu verweisen:

Ständig werden Bahnnetze erweitert, neue errichtet, so daß die Vollständigkeit nur zum Zeitpunkt der Veröffentlichung dieses Buches angenommen wird.

Eine besondere Schwierigkeit bestand darin, aus der Fülle des Materials und der Informationen eine Systematik zu entwickeln, die es ermöglicht, die Bahnen in ihrer wesentlichen Charakteristik vergleichbar darzustellen.

So wie die verfügbaren Daten aufbereitet wurden ist eine Grundlage geschaffen worden, die es ermöglicht, nationale und internationale Vergleiche gleichartiger und/oder ähnlicher Verkehrssysteme und Verkehrstechniken mit gleichen und/oder ähnlichen Grundmerkmalen und Ansprüchen von Bahnen, wie sie in den verschiedenen Ländern dieser Erde als Metro, U-Bahn oder Subway bezeichnet werden, durchzuführen.

In den Aufzeichnungen wurden auch Seilbahnen, die nicht überwiegend touristischen Zwecken dienen, sondern als Verkehrsmittel für den innerstädtischen Personennahverkehr eingesetzt sind, erfaßt.

Das betrifft die wohl älteste elektrisch getriebene Untergrundbahn der Welt in Istanbul (Türkei). Sie verkehrt als Seilbahn im Tunnel auf einer Streckenlänge von 573 m zwischen zwei Stationen und ist damit auch die kürzeste ihrer Art, die alle Anforderungen an ein Metro-System erfüllt. Die Streckenführung verläuft auf einer Neigung von 14,9 %.

Vergleichbar ist diese Bahn mit der Standseilpendelbahn in Haifa (Israel). Sie wird auf einer Neigung von 15,5 % geführt. Dabei durchfährt sie eine Gesamtstrecke von 1750 m mit 6 Stationen.

Ähnlich ist die Problematik der Metro der Linie 1 (jetzt als m2 bezeichnet) in Lausanne (Schweiz). Sie verkehrt auf einer Streckenlänge von etwa 1800 m. Dabei werden 5 Stationen angefahren. Die Bahn überwindet einen Höhenunterschied von mehr als 200 m mit einer Neigung von 12 bis 15 % als Zahnradbahn. Diese Bahn unterscheidet sich von allen anderen dadurch, daß die antriebslosen Wagen für Fahrgäste von einem Motortriebwagen, der nicht zur Aufnahme von Fahrgästen vorgesehen und geeignet ist, bewegt werden.

Natürlich drängt sich die Frage auf, was ist eigentlich eine U-Bahn?

Ist es eine Bahn, die, so wie der Name besagt, als Untergrundbahn unter dem Grund fährt oder geführt wird? Dann hat natürlich auch jede Straßenbahn, die an irgendeinem Teil ihrer Streckenführung unter Grund geführt wird, Anspruch darauf, als Untergrundbahn bezeichnet zu werden. Sei es auch nur, um an einer Kreuzung zur Verkehrsentflechtung eine Straße zu unterqueren. Oder dort, wo an einer Stelle der Streckenführung ein Haltepunkt unter Grund gelegt wurde. Dies ist z.B. in Rostock (Deutschland) so, wo Straßenbahnen mehrerer Linien auf einer Streckenlänge von 350 m einschließlich einem Haltepunkt am Hauptbahnhof in einer Tiefe von etwa 15 m unter Grund geführt werden.

Und wie sind Bahnen zu bewerten, die als Metro oder U-Bahn bezeichnet zugleich auch am öffentlichen Straßenverkehr teilnehmen, weil ihre Gleisführung in Teilabschnitten im Tunnel und anschließend ohne separate Streckenführung im Straßenbereich verläuft. Derartige Verkehrsverhältnisse sind unter anderem in Antwerpen und Charleroi (Belgien), sowie Düsseldorf und Hannover (Deutschland) zu finden.

Untergrundbahnen, in einigen Städten als Stadtbahn oder U-Stadtbahn benannt, erheben zugleich den Anspruch, auch als U-Bahn bezeichnet zu werden. So z.B. in Bonn und Köln (Deutschland).

Wird das System näher betrachtet, so drängt sich die Frage auf, ist das überhaupt eine U-Bahn?

U-Bahnen sind Schnellbahnen, bei denen nur durch kreuzungsfreie Streckenführung und hohe Fahrgeschwindigkeit, Sinn und Ziel, einen flüssigen innerstädtischen Nahverkehr zu erreichen, erfüllt werden.

Die Metro von Newcastle (Großbritannien) erfüllt im Wesentlichen diese Anforderungen. Sie wird teilweise unter Grund geführt. Überwiegend aber ebenerdig oder über Grund. Nur werden an mehreren Stellen der Streckenführung Straßen niveaugleich gekreuzt. Dies erfolgt überwiegend an beschrankten Bahnübergängen, wo die zulässige Fahrgeschwindigkeit der Bahn auf 15 km/h begrenzt ist.

In Bonn und Köln (Deutschland) z.B., nimmt diese U-(Stadt)Bahn teilweise in einer Form am öffentlichen Straßenverkehr teil, die diesen Anspruch U-Bahn zu sein nicht mehr rechtfertigen. So wird sie analog dem fließenden Verkehr an Kreuzungen mit Ampelbetrieb bei Rot-Schaltung parallel zum Straßenverkehr angehalten. Das führt oft zu Störungen im Betrieb der Bahn und zu erheblichen Verspätungen.

Ähnlich gestört verläuft der verkehrstechnische Ablauf der Metrolink in Manchester (Großbritannien).

Im Stadtzentrum von Manchester ist die Streckenführung niveaugleich zum öffentlichen Straßenverkehr. Die Bahn wird im Straßensystem richtungsgleich zum Fahrzeugverkehr geführt und nimmt am allgemeinen Verkehrsablauf mit all seinen Störungen teil.

Wo liegt die Grenze?

Wie ist die richtige Bezeichnung?

Besonders schwierig wird dies bei der Betrachtung der Nahverkehrssysteme in Berlin. Hier besteht neben der U-Bahn als eigenständiges Verkehrssystem mit einem selbständigen Verkehrsnetz die S-Bahn (Stadtbahn). Auch sie wird teilweise, insbesondere im Stadtzentrum, unter Grund geführt.

Im Vergleich mit der U-Bahn und den Systemen anderer Städte erfüllt die Berliner S-Bahn ebenfalls die Anforderungen an ein U-Bahn-System. Dennoch werden in Berlin diese beiden Bahnen streng getrennt und unabhängig voneinander geführt und betrieben.

Analogien lassen sich z.B. in Kopenhagen und anderen Städten finden.

Eine weitere Frage drängt sich bei der Betrachtung der Metros auf, die z.b. in Großbritannien die Großstädte Liverpool und Manchester miteinander verbinden. Oder gar das Streckennetz von Leeds (Großbritannien). Die Metros verbinden diesen zentralen Punkt Leeds mit einer Vielzahl von Ortschaften und Städten. Diese Bahnen wären mit dem Streckennetz von Regionalbahnen in Deutschland vergleichbar, zumal ihre Streckenführung oberirdisch verläuft.

Werden diese Bahnen zurecht als Metros bezeichnet?

Streng genommen wäre eine Untergrundbahn dem Namen nach nur eine solche, wenn sie auf der ganzen Strecke, auf der sie verkehrt, unter Grund geführt wird. Wie z.B. in Alma-Ata (Kasachstan), in Budapest (Ungarn) auf der Földalatti-Linie, in Fukuoka (Japan), in Donezk (Ukraine), in Minsk (Weißrußland), in Serfaus (Östereich) und in Incheon (Süd-Korea). Dann gibt es aber nur sehr wenige Bahnen, die diese Bedingungen erfüllen.

Dennoch bleibt die Frage offen, wo liegen die Grenzen?

Es ist müßig, darüber zu philosophieren.

1. Metros - U-Bahnen - Subways, Bedeutung und ihre Entwicklung

Für die Mehrzahl der Menschen auf der Erde wird das städtische Leben die künftige Lebensform sein.

Innerhalb der Städte gewinnt der Verkehr herausragende Bedeutung. Eine besondere Rolle im innerstädtischen Verkehr kommt dem Personennahverkehr zu.

Die optimale Lösung zur Beförderung der Menschen innerhalb der Ballungsgebiete stellt seit mehr als einem Jahrhundert die Metro, U-Bahn oder Subway dar.

Staaten wie die USA, Großbritannien und Frankreich erfahren frühzeitig die volle Entfaltung neuer Produktionsweisen und damit zwangsläufig verbunden ein enormes Städtewachstum.

Um 1800 gab es in Europa nur 22 Großstädte mit über 100 000 Einwohnern. Im damaligen deutschsprachigen Raum waren es nur Berlin und Wien.

Die weltweit größten Städte um 1900 waren London mit 4,5 Mio., New York 3,4 Mio., Berlin 1,9 Mio. und Paris mit 1,7 Mio. Einwohnern. Zwangsläufig mußte der öffentliche Personennahverkehr in diesen Städten gelöst werden.

Im Ergebnis entstanden die Metros, U-Bahnen und Subways.

London war die Geburtsstadt der Metro. 1863 wurde die erste Tunnelstrecke durchfahren. Im Jahre 1874 folgte Istanbul, 1877 Lausanne, 1886 Liverpool und 1892 Chicago. 1896 wurden Untergrundbahnen (U-Bahnen) in Glasgow und Budapest in Betrieb genommen. Andere Städte folgten.

Die Berliner U-Bahn beförderte 1902 ihre ersten Fahrgäste.

Gegenwärtig sind in etwa 170 Städten auf der Welt Metros, U-Bahnen oder Subways in Betrieb. In vielen Städten werden weitere geplant oder befinden sich in Bau. In einigen Städten wurde der Bau begonnen und wegen Geldmangels eingestellt, wie z.b. in Bratislava (Slowakei).

Außerdem gibt es eine größere Anzahl ähnlicher Bahnen in verschiedenen Städten. Dabei handelt es sich um Schnellbahnvarianten, die als Mischtechnik bezeichnet werden können. Es sind meist Straßenbahnen oder straßenbahnähnliche Bahnen, die häufig in einem vom Straßenverkehr getrennten Gleisbereich und teilweise untertunnelt geführt werden. Aus Prestigegründen werden solche Stadt- und Straßenbahnen oft als U-Bahn bezeichnet.

Völlig absurd erscheinet die Bezeichnung von Straßenbahn und Bus als Metro wie das in Berlin (Deutschland) der Fall ist. Hier gibt es seit Dezember 2004 neben der U-Bahn, den normalen Straßenbahnen und Bussen des öffentlichen Personennahverkehrs, baugleiche Bahnen und Busse, die als MetroTram (Bild 1, Linie M8) und MetroBus (Bild 2, Linie M19) bezeichnet werden. Als MetroBus werden auf verschiedenen Linien Busse als Eindecker und als Doppeldecker eingesetzt.

Auch in Madrid (Spanien) wird der Begriff Metrobus verwendet. Hier verbindet diese Linie, auf der die Metrobusse verkehren, den Flughafen mit der Innenstadt. Es sind ausschließlich Eindeckerbusse mit roter Farbe, die sich von denen, die im innerstädtischen Personennahverkehr eingesetzt sind, durch diese Farbgebung unterscheiden.

Anders der Métrobus in Rouen (Frankreich, Bild 3). Er verkehrt in einem unabhängigen Gleisbett zum großen Teil auch unter Grund.

Bild 1 – MetroTram in Berlin   Bild 2 – MetroBus in Berlin

Bild 3 – Métrobus in Rouen (Frankreich)

Vergleichbare Bahnen, wie z.B. die Liestalbahn in der Schweiz, die dort zwischen Waldenburg und Liestal den Personenverkehr sicherstellt, aber den Anspruch einer Metro, U-Bahn oder Subway nicht erhebt, werden in diesem Buch nicht näher beschrieben.

Der Name Metro ist ein Londoner Kürzel und war der Firmenname einer Eisenbahngesellschaft. Er wurde in London durch den Begriff „Underground" ersetzt.

Im nordamerikanischen Sprachraum und in Japan dominiert der Begriff „Subway".

Im französischen und slawischen Sprachraum hat sich der Begriff „Metro" durchgesetzt. Er wird aber auch in Montreal, Sao Paulo, Budapest, Prag, Moskau und Washington D.C. sowie anderen Städten verwendet.

Im deutschsprachigen Raum hat er sich nicht bewährt. Hier gilt der Begriff „Untergrundbahn", umgangssprachlich „U-Bahn". Dies auch dort, wo oberirdische Streckenabschnitte, als Hochbahn, im Einschnitt oder ebenerdig, entstanden.

Im skandinavischen Sprachraum ist der Begriff „Tunnelbana" zu finden.

In Ländern, in den spanisch gesprochen wird, gilt die Bezeichnung „Subte".

Auf der Apenninenhalbinsel und in Nord-Italien wird der Begriff „Metropolitana" verwendet.

Und in Griechenland heißt diese Bahn „o elektrikós".

Am häufigsten sind in Stadtplänen und im Stadtbild Bahnhöfe und Eingänge der Bahnen mit den Signets "M", "U" oder "T" versehen.

In den USA, z.B. in Boston und Europa, besonders in Deutschland

(Bonn, Köln usw.), oder Belgien (Antwerpen) verkehren unterirdisch geführte Straßenbahnen. Derartige Bahnen werden als „U-Straßenbahn" (Unterpflaster-Straßenbahn) bezeichnet.

Eine Besonderheit spielt die U-Bahn von Wien. Hier werden auf einigen Linien im Streckennetz U-Bahnwagen mit Straßenbahnen zu einer Zugeinheit verbunden.

Als besonderes U-Bahnsystem ist die „Metro von Zermatt" (Schweiz), die als Seil- und Kabelbahn im Tunnel geführt wird, anzusehen.

Eine der beiden Metro-Linien in Lausanne (Schweiz) hat zur Zeit nur fünf Stationen und muß auf ihrer kurzen Strecke mehr als 200 Meter Höhenunterschied überwinden. Deshalb wird sie als Zahnradbahn betrieben. Ein Triebwagen, der keine Fahrgäste aufnehmen kann, bewegt einen antriebslosen Wagen, der den Personennahverkehr bewältigt. Die Spurtreue ist über Gleiskörper mit Stahlrädern und Stahlkranz gewährleistet.

Anders in Lyon (Frankreich), hier verkehren Zugeinheiten auf der Linien C, die einen Teil der Streckenführung ohne Höhenunterschied im Adhäsionsbetrieb befahren und auf einem Teilstück von 936 m als Zahnradbahn einen steilen Abschnitt mit 17 % Steigung bewältigen.

Ein weiteres Kuriosum ist die Dorfbahn von Serfaus (Österreich), die als Luftkissen-U-Bahn an Seilen gleislos gezogen wird. Ähnliche Fördersysteme, allerdings nicht zur Personen- sondern zur Güterbeförderung, waren etwa um 1970 in Chicago (USA) in der Planung.

In einigen Städten, vor allem in den USA, verkehren Bahnen, die alle Anforderungen einer Metro, U-Bahn oder Subway erfüllen und als Mini-Metro-System bezeichnet werden. So z.B. in Detroit und Miami. Sie fahren in der Regel vollautomatisch und sind fahrerlos. Die Zugeinheit besteht meist nur aus einem oder zwei Wagen.

Die Schwebebahnen in Deutschland, in Dortmund (Bild 4) und in Wuppertal (Bild 5) sind streng genommen keine U-Bahnen.

Bild 4 – Die H-Bahn (Schwebebahn) in Dortmund (Deutschland)

Bild 5 – Die Schwebebahn in Wuppertal (Deutschland)

Da sie in der Charakteristik aber mit einer Hochbahn vergleichbar wären, wurden sie in den Teilen 1 und 3 des vorliegenden Buches mit aufgenommen.

Andere Bahnen, die zwar den Metros, U-Bahnen und Subways gleichzusetzen sind, aber nur das Transportsystem innerhalb von Flughäfen vervollständigen und nur dort zur Personenbeförderung eingesetzt werden, wie z.b. die vollautomatisch funktionierende Ringbahn auf dem Flughafen von Fort Worth bei Dallas in Texas/USA, bleiben in dem vorliegenden Buch unberücksichtigt.

Werden in einer Stadt neben einer Metro, U-Bahn oder Subway, U-Straßenbahnen im öffentlichen Personennahverkehr eingesetzt, wie z.B. in Boston (USA), dann wird in dem vorliegenden Buch nur das Metro-, U-Bahn- oder Subwaysystem aufgeführt.

Während in der Regel die aufgeführten Städte über in sich abgeschlossene Verkehrssysteme der Metro, U-Bahn oder Subway verfügen, bestehen in Deutschland in einigen Regionen stadtgrenzenübergreifende Verkehrsverbundsysteme. So bestehen z.B. Verbundsysteme zwischen den Städten

- Bochum, Herne und Gelsenkirchen,
- Essen und Mülheim an der Ruhr,
- Düsseldorf, Duisburg, Krefeld, Meerbusch und Neuss.

Der Verkehrsverbund Rhein-Sieg mit den Städten Bonn und Köln stellt eine besondere Lösung dar. Hier sind die Städte Bonn und Köln über ein weitläufiges Lieniennetz verbunden, das durch ländliche Gebiete führt. Zwei Linien mit jeweils eigenen unabhängigen Strecken haben Haltepunkte in einer Vielzahl von kleineren Ortschaften. Beide Strecken sind sowohl in Bonn alsauch in Köln zusammengeführt. Wird der Bahnhof Bonn-Hauptbahnhof als Verknüpfungspunkt betrachtet, so halten auf dem gleichen Gleis die Züge beider U-Bahnlinien (Bild 6 und 7). Eine Besonderheit ist darin zu sehen, daß auf diesem Gleis auch Straßenbahnzüge verkehren. Auf dem zweiten Gleis am gleichen Bahnsteig verkehrt der „Telecom Express" (Bild 8).

Bild 6 – U16 in Bonn-Hbf.   Bild 7 – U18 in Bonn-Hbf.

Bild 8 – Linie 66, der „Telecom Express" in Bonn-Hauptbahnhof.
Er verkehrt zwischen Bad Honnef und Siegburg

Die Züge fahren wie die U-Bahn ebenfalls teilweise unterirdisch. Sie verbinden die Endhaltepunkte Bad Honnef und Siegburg. Obwohl die Bahn die Ansprüche an ein U-Bahnsystem erfüllt, verzichten die Betreiber jedoch darauf, diese Bahn als U-Bahn zu bezeichnen.

Vergleichbar mit den Verbundsystemen in Deutschland sind verschiedene Metrosysteme in England. So in Leeds. Von hier aus fahren verschiedene Linien zu den umliegenden Städten und Ortschaften wie Ilkley, Keighley, Castleford, Ponteract, Knottingley, Bradford Wakefield und sogar bis Manchester.

Mit der Wirral Line der Merseyrail, der Metro von Liverpool (England), wird der Fluß Mersey unterquert, die Nachbarstadt Birkenhead und verschiedene Streusiedlungen im Umland versorgt.

Die City Line der Merseyrail verbindet die Großstädte Liverpool mit Manchester. Sie fährt darüberhinaus die Städte Warrington, Wigan, Preston und weitere Ortschaften an.

Auch die Northern Line der Merseyrail von Liverpool verbindet Liverpool mit den Städten Southport, Ormskirk und verschiedene Ortschaften wie Formby, Kirkby und Maghull.

Von der Großstadt Newcastle, im Norden Englands, fährt die Metro in einem weitverzweigtem Netz zu einigen Ortschaften und zur Stadt Sunderland.

Die meisten Bahnen fahren auf einem Gleiskörper als Zweischienenbahnen. Ihre Räder sind Stahlräder mit Stahlkranz.

Andere Bahnen, vor allem in Paris, Lille, Lyon, Marseille und Rennes (Frankreich), Hiroshima (Japan) und Montreal (Kanada), fahren auf gummibereiften Rädern. Die Spurtreue wird durch andere Gummiräder, die um 90 Grad gedreht angeordnet sind, sowie über Gleiskörper, Stahlräder mit Stahlkranz gesichert.

Einschienenbahnen, wie sie in Kitakyushu (Japan) und Kuala Lumpur

(Malaysia) bereits in Nutzung sind, werden entwickelt.

Die Stromzuführung zu den Antriebsaggregaten der Bahnen erfolgt im allgemeinen über Stromschienen, die zwischen dem Gleiskörper oder seitlich davon angeordnet sind. Andere Bahnen, wie auch die U-Straßenbahnen, werden über Oberleitungen stromtechnisch versorgt.

Metros, U-Bahnen und Subways werden ober- und/oder unterirdisch gebaut.

Oberirdisch sind Streckenführungen ebenerdig, im Einschnitt und/oder auf Viadukten und Bahndämmen üblich. Aber auch in Röhren, wie z.B. in Prag (Tschechien).

Untergrundbahnen verkehren als Tunnelbahnen in verschiedenen Tiefen. Sie können in offener Bauweise, in bergmännischer Bauweise oder im modernen Schildvortrieb errichtet werden.

Die größte Tiefe weist die Metro in Kiew (Ukraine) auf. Zum Erreichen des Bahnsteiges sind in der schräg angelegten Tunnelröhre Rolltreppen eingebaut, die vom Eingang bis in die Tiefe von 140 Meter ohne Zwischenpodest führen.

2. Metro-, U-Bahn- und Subwaystädte der Welt

Teil 1

Lfd. Nr.	Stadt/Dorf	Land	Erdteil	Inbetrieb-nahme (Jahr)
1	Alma-Ata	Kasachstan	Asien	1997
2	Amsterdam	Niederlande	Europa	1977
3	Ankara	Türkei	Asien	1996
4	Antwerpen	Belgien	Europa	1975
5	Athen	Griechenland	Europa	1930
6	Atlanta	Georgia/USA	Amerika	1979
7	Baku	Aserbaidshan	Asien	1967
8	Baltimore	Maryland/USA	Amerika	1983
9	Bangkok	Thailand	Asien	2004
10	Barcelona	Spanien	Europa	1924
11	Belo Horizonte	Brasilien	Amerika	1987
12	Berlin	Deutschland	Europa	1902
13	Bilbao	Spanien	Europa	1995
14	Bochum	Deutschland	Europa	1979
15	Bonn	Deutschland	Europa	1975
16	Boston	Massachusetts USA	Amerika	1901
17	Brasilia	Brasilien	Amerika	2001
18	Brüssel	Belgien	Europa	1976

Lfd. Nr.	Stadt/Dorf	Land	Erdteil	Inbetrieb-nahme (Jahr)
19	Budapest	Ungarn	Europa	1896/1970
20	Buenos Aires	Argentinien	Amerika	1913
21	Buffalo	USA	Amerika	1984
22	Bukarest	Rumänien	Europa	1979
23	Bursa	Türkei	Asien	2002
24	Caracas	Venezuela	Amerika	1983
25	Catania	Italien	Europa	1999
26	Changchun	China	Asien	2002
27	Charkow	Ukraine	Europa	1975
28	Charleroi	Belgien	Europa	1983
29	Chennai	Indien	Asien	1997
30	Chicago	Illinois/USA	Amerika	1892
31	Cleveland	Ohio/USA	Amerika	1955
32	Detroit	Michigan/USA	Amerika	1987
33	Dnepropetrowsk	Ukraine	Europa	1991
34	Donezk	Ukraine	Europa	1997
35	Dortmund	Deutschland	Europa	1983/1992
36	Düsseldorf	Deutschland	Europa	1981
37	Duisburg	Deutschland	Europa	1992
38	Edmonton	Kanada	Amerika	1978
39	Essen	Deutschland	Europa	1977
40	Frankfurt/M.	Deutschland	Europa	1968/1980
41	Fukuoka	Japan	Asien	1981
42	Genua	Italien	Europa	2005
43	Gelsenkirchen	Deutschland	Europa	1990
44	Glasgow	Großbritannien	Europa	1896
45	Gorki	Rußland	Europa	1992
46	Guadalajara	Mexiko	Amerika	1989
47	Guangzhou	China	Asien	1999
48	Haifa	Israel	Asien	1959
49	Hamburg	Deutschland	Europa	1912
50	Hannover	Deutschland	Europa	1975
51	Harbin	China	Asien	1992

Lfd. Nr.	Stadt/Dorf	Land	Erdteil	Inbetriebnahme (Jahr)
52	Helsinki	Finnland	Europa	1982
53	Herne	Deutschland	Europa	1990
54	Hiroshima	Japan	Asien	1994
55	Hongkong	China	Asien	1979

Teil 2

Lfd. Nr.	Stadt/Dorf	Land	Erdteil	Inbetriebnahme (Jahr)
56	Incheon	Süd-Korea	Asien	1999
57	Istanbul	Türkei	Europa/Asien	1874/1989
58	Izmir	Türkei	Asien	2000
59	Jacksonville	Florida/USA	Amerika	1989
60	Jekaterinburg/Swerdlowsk	Rußland	Asien	1991
61	Jerewan	Armenien	Europa	1981
62	Kairo	Ägypten	Afrika	1987
63	Kalkutta	Indien	Asien	1984
64	Kasan	Rußland	Europa	2005
65	Kiew	Ukraine	Europa	1960
66	Kitakyushu	Japan	Asien	1985
67	Kobe	Japan	Asien	1977/2001
68	Köln	Deutschland	Europa	1968
69	Kopenhagen	Dänemark	Europa	2000
70	Krefeld	Deutschland	Europa	1990
71	Krivoy Rog	Ukraine	Europa	1986
72	Kujbyschew(Samara)	Rußland	Europa	1987
73	Kuala Lumpur	Malaysia	Asien	1996
74	Kwangju	Süd-Korea	Asien	2004
75	Kyoto	Japan	Asien	1981

Lfd. Nr.	Stadt/Dorf	Land	Erdteil	Inbetriebnahme (Jahr)
76	Las Vegas	Nevada/USA	Amerika	1995
77	Lausanne	Schweiz	Europa	1877/1991
78	Leeds	England	Europa	1921
79	Lille	Frankreich	Europa	1983
80	Lima	Peru	Amerika	2003
81	Lissabon	Portugal	Europa	1959
82	Liverpool	England	Europa	1903
83	London	England	Europa	1863/1987
84	Los Angeles	Kalifornien/USA	Amerika	1990
85	Ludwigshafen-Mannheim	Deutschland	Europa	1969
86	Lyon	Frankreich	Europa	1978
87	Madrid	Spanien	Europa	1919
88	Mailand	Italien	Europa	1964
89	Manchester	England	Europa	1903/1989
90	Manila	Philippinen	Asien	1984/2003
91	Marseille	Frankreich	Europa	1977
92	Medellin	Kolumbien	Amerika	1995
93	Meerbusch	Deutschland	Europa	1989
94	Melbourne	Victoria	Australien	1981/1984
95	Mexico Stadt	Mexiko	Amerika	1969
96	Miami	Florida/USA	Amerika	1984/1986
97	Minsk	Weißrußland	Europa	1984
98	Monterrey	Mexiko	Amerika	1991
99	Montreal	Kanada	Amerika	1966
100	Moskau	Rußland	Europa	1935
101	Mülheim/Ruhr	Deutschland	Europa	1979
102	München	Deutschland	Europa	1971

Teil 3

Nagoya bis Zürich

3. Die Metros, U-Bahnen und Subways in den Städten

Die in diesem Kapitel angewendete Systematik ermöglicht nationale und internationale Vergleiche der Verkehrssysteme und Verkehrstechniken von Bahnen, wie sie in den verschiedenen Ländern dieser Erde als Metro, U-Bahn oder Subway bezeichnet werden. Dabei sind die vielen Abwandlungen aus den unterschiedlichen Sprachen, teils regionalen, mitunter aus dem Volksmund stammenden, Bezeichnungen nicht berücksichtigt.

Eine besondere Schwierigkeit bestand darin, aus der Fülle des Materials und der Informationen eine Systematik zu entwickeln, die es ermöglicht, die Bahnen in ihrer wesentlichen Charakteristik vergleichbar darzustellen.

Die Städte, in denen Metros, U-Bahnen und Subways verkehren, sind nach dem Alphabet aufgeführt. Im Teil 1 von A (Alma Ata) bis einschließlich H (Hongkong). In dem vorliegenden Teil 2 von I (Incheon) bis M (München).

Ihre Zuordnung nach Kontinenten und das Jahr der ersten Inbetriebnahme der Bahnen spielte bei der Aufzählung eine untergeordnete Rolle.

Die Namen der Stationen sowie die Bezeichnungen von Linien der Bahnen oder die Namen und/oder Bezeichnungen von Strecken und Bahnen haben sich im Laufe der Jahre ihres Bestehens geändert.

So wurden z. B. in Berlin (Deutschland) im Streckennetz die Linien mehrfach umbenannt. U. a. wurde die Linie E in Linie U5 geändert. Der Bahnhof Frankfurter Tor auf der Linie U5 hatte im Laufe der Jahre die Namen

- Petersburger Str.
- Bersarinstr.
- Frankfurter Tor
- Rathaus Friedrichshain

und dann wieder den Namen Frankfurter Tor bekommen.

In Budapest (Ungarn) wurde die Linie der Földalatti in M1 und dann in Milleniumsbahn umbenannt. Heute sind alle drei Bezeichnungen üblich.

Auch in anderen Orten und Städten sind derartige Veränderungen und Unterschiede festzustellen. So wird z. B. die Bahn von Serfaus (Österreich) als Dorfbahn aber auch als U-Bahn bezeichnet.

Aufgrund dieser oft epochalen Namensänderungen kann in diesem Buch die richtige aktuelle Bezeichnung nicht in jedem Falle gewährleistet werden.

Das trifft auch für die Schreibweisen in der Namensübertragung von einigen Fremdsprachen ins Deutsche zu.

Die Streckenführungspläne sind in visueller Abstraktion dargestellt. Dadurch wurde erreicht, unwesentliches zu trennen und wegzulassen. Dem Betrachter wird so in eindeutiger Darstellung nur das markante, nämlich die Strecke mit ihren Haltepunkten verdeutlicht.

Um die Übersicht zu wahren. sind einige sehr umfangreiche Streckenpläne in den Haltepunkten nicht immer vollständig beschriftet.

Streckenspläne, wie z.B. der von London, sind wegen der begrenzten Möglichkeiten in diesem Buch und der Wahrung der Übersichtlich- und Lesbarkeit nur fragmentarisch, wie in diesem Beispiel nur auf das Stadtzentrum begrenzt, dargestellt.

3.56. Incheon

Das Nahverkehrssystem - Bahn - wird in Incheon „Subway" genannt.

Inbetriebnahme 1999

Der Streckenplan

Bild 9 - Streckenplan der Subway von Incheon

Strecke und Stationen

Die Subway fährt auf der gesamten Strecke als Tunnelbahn.

Bahnsteige:

- teilweise Mittelbahnsteige,
- teilweise Seitenbahnsteige.

Bahnsteiglänge:

etwa 150 m.

Stationsentfernungen:

Die Stationen sind durchschnittlich etwa 1045 m voneinander entfernt.

Technische Angaben

Fahrbetrieb:

Überwiegend automatisch, mit Triebwagenführer.

Fahrzeuge:

Die Fahrzeuge sind sechsachsige Gelenktriebwagen

- 20,00 m lang,
- 3,12 m breit,
- 3,75 m hoch.

Betriebsmäßig eingesetzte Züge sind 6-Wagen-Züge. Ihre Gesamtlänge beträgt 120,00 m.
Jeder Wagen verfügt über eine Transportkapazität von 106 Steh- und 54 Sitzplätzen. In jeder Zugeinheit können bis zu 960 Fahrgäste befördert werden.
Die Wagen haben Mittelgang und Seitensitze. Sie haben beidseitig vier Doppeltüren für den Fahrgastbetrieb.

Fahrenergie:

Gleichstrom, Fahrspannung 1500 Volt.

Fahrspur:

1435 mm Spurweite.
Gleiskörper mit Stahlkranz befahrbar.

Fahrgeschwindigkeit:

durchschnittlich 37,0 km/h.
Höchstgeschwindigkeit 80,0 km/h.

3.57. Istanbul

Das Nahverkehrssystem - Bahn - wird in Istanbul „Metro" genannt. Dieses System besteht aus drei verschiedenen Metroanlagen.

In Istanbul verkehrt eine der ältesten Metros der Welt. Die befahrbare Strecke ist 573 m lang. Dies ist zugleich das kürzeste Streckensystem der Welt. Es hat nur zwei Stationen.

Die Bahn wird durch Seilantrieb bewegt. Die Betriebsführung schließt heute einen zum Teil automatisierten Zugbetrieb ein.

Ein zweites Streckensystem wurde 115 Jahre später in Betrieb genommen. Ihre Streckenführung ist nur teilweise unterirdisch. Die Stromzuführung zum Betrieb dieser Metro erfolgt mittels Stromabnehmer von einer Oberleitung.

Als dritte Metroanlage wurde im September 2000 eine Bahn in Nutzung gestellt, die auf ihrer gesamten Strecke als Untergrundbahn verkehrt. Der Zugbetrieb ist zum Teil automatisiert. Die Stromzuführung zum Betrieb dieser Metro erfolgt über eine Stromschiene.

Inbetriebnahmen: 1874/1989/2000

3.57.1. Istanbul I

In Istanbul wird das Nahverkehrssystem Bahn „Metro" genannt. Die hier unter Istanbul I aufgeführte Metro wurde weltweit als erstes elektrisch betriebenes System entwickelt und installiert. Diese Metro befährt die kürzeste Strecke der Erde. Es war das erste eigenständige Streckennetz der Stadt Istanbul. Jährlich werden mit dieser Bahn etwa acht Millionen Fahrgäste befördert.

Inbetriebnahme: 1874

Der Streckenplan

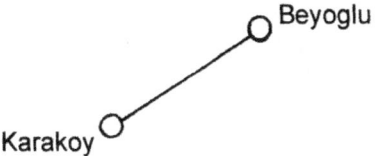

Bild 10 - Streckenplan der Metro I von Istanbul

Strecke und Stationen

Die Metro fährt als Tunnelbahn.
Ihre Strecke verläuft geradlinig mit einer Steigung von 14,9 %.

Bahnsteige:

Die Bahnsteige sind Seitenbahnsteige.

Bahnsteiglänge:

etwa 30 m.

Stationsentfernungen:

Zwischen den beiden Stationen beträgt die Entfernung 573 m.

Technische Angaben

Fahrbetrieb:

Überwiegend automatisch, mit Triebwagenführer.

Fahrzeuge:

Antriebslose Wagen

- 16,00 m lang,
- 2,50 m breit,
- 3,00 m hoch.

Betriebsmäßig eingesetzte Züge bestehen aus einem Wagen.
Zwei Wagen verkehren zugleich gegenläufig zueinander. Sie werden von stationären Motoren an Seilen gezogen.
In jedem Wagen finden 170 Fahrgäste Platz.
Die Wagen haben Mittelgang und Längssitze. Sie haben beidseitig vier Doppeltüren für den Fahrgastbetrieb.

Fahrenergie:

Stationäre Motoren, Drehstrom 440 Volt.
Mit Hilfe der Motoren werden die Wagen an Seilen gezogen.

Fahrspur:

1510 mm Spurweite.
Luftbereifte Räder laufen auf einer Betonfläche.
Spursicherung mittels Stahlrad zwischen Stahlschienen.

Fahrgeschwindigkeit:

durchschnittlich 25,0 km/h.
Höchstgeschwindigkeit 30,0 km/h.

Bild 11 – Zug im Bahnhof Beyoglu

Bild 12 – Zug mit Triebwagenführer im Bahnhof Karakoy

3.57.2. Istanbul II

Unter diesem Gliederungspunkt wird das als zweites in Istanbul in Betrieb genommene Metro-System beschrieben. Es verfügt über ein eigenständiges Streckennetz, einen eigenen Wagenpark mit separater Betriebsführung. Diese Bahn wird in Istanbul „Hafif Metro" genannt.

Inbetriebnahme: 1989

Der Streckenplan

Bild 13 - Streckenplan der Metro II (Hafif Metro) von Istanbul

Strecke und Stationen

- teilweise als Tunnelbahn,
- teilweise in Hochlage,
- teilweise ebenerdig

Bahnsteige:
- überwiegend Mittelbahnsteige,
- teilweise Seitenbahnsteige.

Bahnsteiglänge:

etwa 100 m.

Stationsentfernungen:

Die Stationen sind durchschnittlich etwa 1430 m voneinander entfernt.

Technische Angaben

Fahrbetrieb:

Überwiegend automatisch, mit Triebwagenführer.

Fahrzeuge:

Der Fahrzeugpark besteht aus Doppeltriebwagen. Ihre Maße sind:
- 19,50 m lang,
- 2,65 m breit,
- 2,92 m hoch.

Betriebsmäßig eingesetzte Züge bestehen aus vier Wagen. Ihre Gesamtlänge beträgt 78,00 m. In jedem Wagen können bis zu etwa 190 Fahrgäste befördert werden. Damit ist ein Zug für etwa 760 Fahrgäste ausgelegt.
Die Wagen haben Mittelgang und Seitensitze. Sie haben beidseitig vier Doppeltüren für den Fahrgastbetrieb.

Fahrenergie:

Gleichstrom, Fahrspannung 750 Volt.

Fahrspur:

1435 mm Spurweite.
Gleiskörper mit Stahlkranz befahrbar.

Fahrgeschwindigkeit:

durchschnittlich 40,0 km/h.
Höchstgeschwindigkeit 80,0 km/h.

3.57.3. Istanbul III

Unter diesem Gliederungspunkt wird das im Jahre 2000 in Istanbul in Betrieb genommene Metro-System beschrieben. Dies war das dritte eigenständige Streckennetz der Stadt.

Inbetriebnahme: 2000

Der Streckenplan

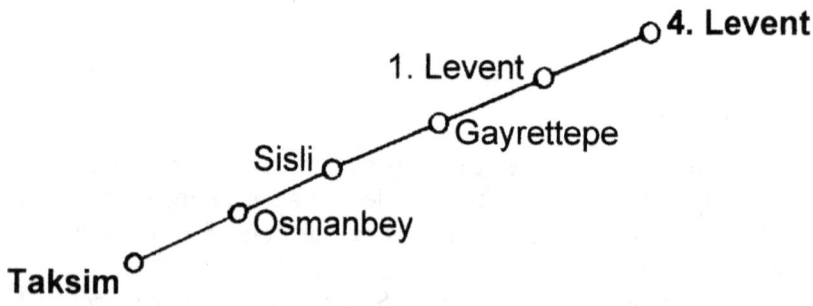

Bild 14 - Streckenplan der Metro III von Istanbul

Strecke und Stationen

- teilweise als Tunnelbahn,
- teilweise in Hochlage,
- teilweise ebenerdig.

Bahnsteige:

- überwiegend Mittelbahnsteige,
- teilweise Seitenbahnsteige.

Bahnsteiglänge:

180 m.

Stationsentfernungen:

Die Stationen sind durchschnittlich etwa 1430 m voneinander entfernt.

Technische Angaben

Fahrbetrieb:

Überwiegend automatisch, mit Triebwagenführer.

Fahrzeuge:

Es gibt Trieb- und Beiwagen. Ihre Maße sind einheitlich:

- 20,50 m lang,
- 2,65 m breit,
- 2,92 m hoch.

Betriebsmäßig eingesetzte Züge bestehen aus Vier-Wagen-Gruppen. Es werden Zügr mit vier und acht Wagen eingesetzt. Ihre Gesamtlänge beträgt 82,00 bzw. 164 m.
In jedem Wagen können bis zu etwa 200 Fahrgäste befördert werden. Damit ist ein Zug aus vier Wagen für 800 Fahrgäste ausgelegt. Ein Zug mit acht Wagen kann 1600 Fahrgäste befördern.
Die Wagen haben Mittelgang und Seitensitze. Sie haben beidseitig je drei Doppeltüren für den Fahrgastbetrieb.

Fahrenergie:

Gleichstrom, Fahrspannung 750 Volt.

Fahrspur:

1435 mm Spurweite.
Gleiskörper mit Stahlkranz befahrbar.

Fahrgeschwindigkeit:

durchschnittlich 40,0 km/h.
Höchstgeschwindigkeit 80,0 km/h.

3.58. Izmir

Das Nahverkehrssystem - Bahn - wird in Izmir „Metro" genannt.

Inbetriebnahme 2000

Der Streckenplan

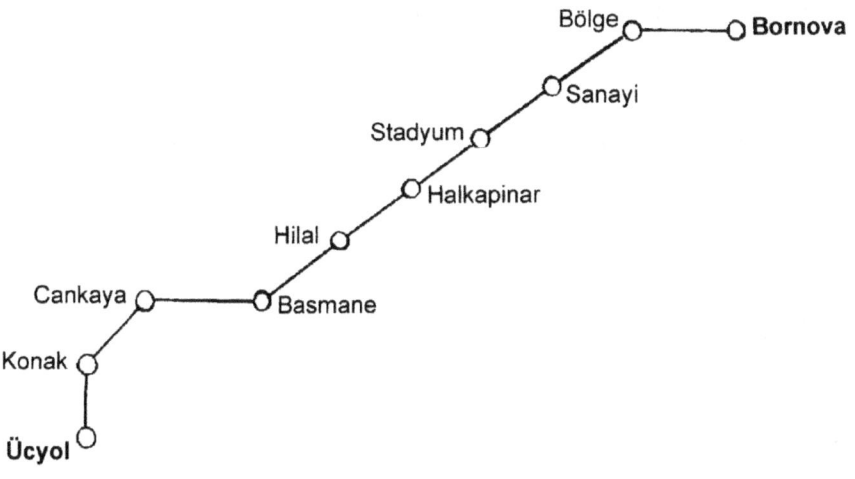

Bild 15 - Streckenplan der Metro von Izmir

Strecke und Stationen

- teilweise als Tunnelbahn,
- teilweise in Hochlage,
- teilweise im Einschnitt.

Bahnsteige:

- teilweise Mittelbahnsteige,
- teilweise Seitenbahnsteige.

Bahnsteiglänge:

etwa 125 m.

Stationsentfernungen:

durchschnittlich etwa 1150 m.

Technische Angaben

Fahrbetrieb:

Überwiegend automatisch, im Einmannbetrieb.

Fahrzeuge:

Es gibt Wagen mit Führerstand und Beiwagen ohne Führerstand.

Fahrzeugabmessungen:

Wagen mit Führerstand

- 22,85 m lang,
- 3,10 m breit,
- 3,70 m hoch.

Beiwagen ohne Führerstand

- 22,00 m lang,
- 3,10 m breit,
- 3,70 m hoch.

Die Züge bestehen aus drei Wagen. Jeder Zug hat am Anfang und am Ende jeweils einen Wagen mit Führerstand. Dazwischen ist ein Beiwagen ohne Führerstand gekuppelt.

Ein solcher Zug hat eine Gesamtlänge von 67,70 m.
Wagen mit Führerstand und Wagen ohne Führerstand können gleichermaßen jeweils 375 Fahrgäste aufnehmen. Das bedeutet, daß in einem Drei-Wagen-Zug 1125 Fahrgäste Platz finden.
Die Wagen haben Mittelgang und Längssitze. Sie haben beidseitig je vier Doppeltüren für den Fahrgastbetrieb.

Fahrenergie:

Gleichstrom, Fahrspannung 750 Volt.

Fahrspur:

1435 mm Spurweite.
Gleiskörper mit Stahlkranz befahrbar.

Fahrgeschwindigkeit:

durchschnittlich 40,0 km/h.
Höchstgeschwindigkeit 80,0 km/h.

3.59. Jacksonville

Das Nahverkehrssystem - Bahn - wird in Jacksonville „Automated Skyway Express" genannt.

Inbetriebnahme 1989

Der Streckenplan

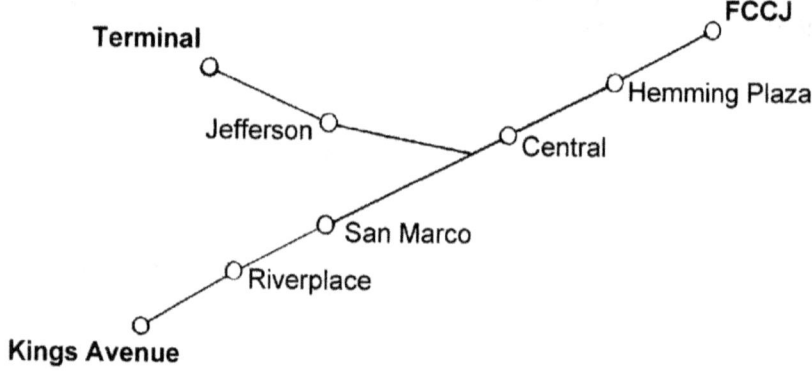

Bild 16 - Streckenplan
       des Automated Skyway Express von Jacksonville

Strecke und Stationen

Die Bahn verkehrt als Hochbahn.

Bahnsteige:

Mittelbahnsteige.

Bahnsteiglänge:

etwa 45 m.

Stationsentfernungen:

durchschnittlich etwa 500 bis 700 m.

Technische Angaben

Fahrbetrieb:

Vollautomatisch, fahrerlos.

Fahrzeuge:

Triebwagen

- 13,78 m lang,
- 2,56 m breit,
- 3,25 m hoch.

Jeder eingesetzte Zug besteht aus einem Triebwagen. Er ist für 146 Fahrgäste ausgelegt.
Die Wagen haben Mittelgang und Seitensitze. Sie haben beidseitig zwei Doppeltüren für den Fahrgastbetrieb.

Fahrenergie:

Gleichstrom, Fahrspannung 750 Volt.

Fahrspur:

2060 mm Spurweite.
Gummibereifte Tragräder mit Lenkachsen im Zweierverband fahren auf einem Gleiskörper aus Stahl.

Die spurtreue Führung des Fahrzeugs wird durch in Fahrbahnmitte angebrachte Schienen gewährleistet.
Führungsräder aus Stahl unterhalb des Fahrzeuges laufen auf den Schienen.

Fahrgeschwindigkeit:

durchschnittlich 24,0 km/h.
Höchstgeschwindigkeit 80,0 km/h.

3.60. Jekaterinburg/Swerdlowsk

Das Nahverkehrssystem - Bahn - wird in Jekaterinburg „Metametro" genannt.

Inbetriebnahme: 1991

Der Streckenplan

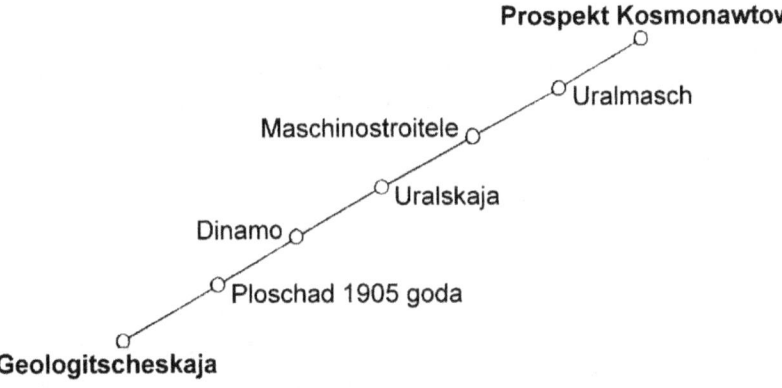

Bild 17 - Streckenplan der Metametro in Jekaterinburg

Strecke und Stationen

Die gesamte Streckenführung verläuft im Tunnel.

Bahnsteige:

- teilweise Mittelbahnsteige,
- teilweise Seitenbahnsteige.

Bahnsteiglänge:

etwa 100 m.

Stationsentfernungen:

durchschnittlich etwa 1500 m.

Technische Angaben

Fahrbetrieb:

Überwiegend automatisch, mit Triebwagenführer.

Fahrzeuge:

Es gibt Triebwagen und Motorwagen. Motorwagen verfügen über ein höheres Platzangebot. Die Abmaße der Wagen sind einheitlich.

Fahrzeugabmessungen:

- 19,20 m lang,
- 2,70 m breit,
- 3,65 m hoch.

Die Längen der Bahnsteige sind für Fünf-Wagen-Züge ausgelegt.
Der Zug besteht aus zwei Triebwagen, die jeweils am Anfang und Ende fahren. Dazwischen sind drei Motorwagen gekuppelt. Die Gesamtlänge eines solchen Zuges beträgt 96,00 m. Er kann 1410 Fahrgäste zugleich aufnehmen.
Alle Wagen haben Mittelgang und Seitensitze. Sie sind beidseitig mit jeweils 4 Doppeltüren für den Fahrgastbetrieb ausgestattet.

Fahrenergie:

Gleichstrom, Fahrspannung 825 Volt.

Fahrspur:

1520 mm Spurweite.
Gleiskörper mit Stahlkranz befahrbar.

Fahrgeschwindigkeit:

durchschnittlich 43,0 km/h.
Höchstgeschwindigkeit 90,0 km/h.

Bild 18 - Mittelbahnsteig der Metametro in Jekaterinburg

Bild 19 - Zug der Metametro in einem Mittelbahnsteig

3.61. Jerewan

Das Nahverkehrssystem - Bahn - wird in Jerewan „Metro" genannt.

Inbetriebnahme 1981

Der Streckenplan

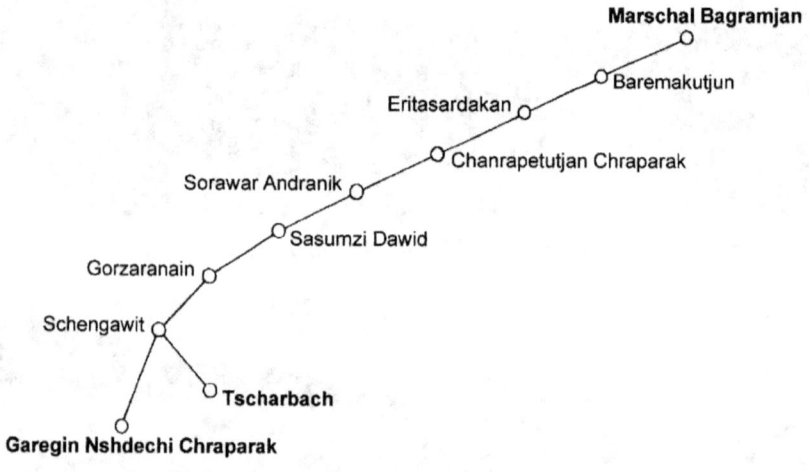

Bild 20 - Streckenplan der Metro von Jerewan

Strecke und Stationen

- teilweise als Tunnelbahn,
- teilweise oberirdisch.

Bahnsteige:

- teilweise Mittelbahnsteige,
- teilweise Seitenbahnsteige.

Bahnsteiglänge:

etwa 100 m.

Stationsentfernungen:

durchschnittlicher Haltestellenabstand etwa 1345 m.

Technische Angaben

Fahrbetrieb:

Von einer Dispatcherzentrale erfolgt die Zugüberwachung.
Jeden Zug begleitet ein Triebwagenführer. Er fährt nach Anweisung des Zugdispatchers, der die Anweisungen über Funksprechverkehr erteilt.

Fahrzeuge:

Der Fahrzeugpark besteht aus Triebwagen und Motorwagen. Beide Wagentypen haben gleiche Abmaße.

Fahrzeugabmessungen:

- 19,20 m lang,
- 2,70 m breit,
- 3,66 m hoch.

Die vorhandenen Bahnsteige ermöglichen den Betrieb mit Fünf-Wagen-Zügen. Es werden aber nur Drei-Wagen-Züge eingesetzt.
Die Gesamtlänge eines 3-Wagen-Zuges beträgt 57,60 m. Da in jedem Wagen 262 Fahrgäste befördert werden können, ist jeder Zug für 786 Fahrgäste ausgelegt.
Die Wagen haben Mittelgang und Seitensitze.

Sie verfügen beidseitig über vier Doppeltüren für den Fahrgastbetrieb.

Fahrenergie:

Gleichstrom, Fahrspannung 825 Volt.

Fahrspur:

1520 mm Spurweite.
Gleiskörper mit Stahlkranz befahrbar.

Fahrgeschwindigkeit:

durchschnittlich 37,2 km/h,
Höchstgeschwindigkeit 90,0 km/h.

3.62. Kairo

Das Nahverkehrssystem - Bahn - wird in Kairo „Metro" genannt. Durch Modernisierung vorhandener Eisenbahnstrecken in Verbindung mit dem Bau eines innerstädtischen Tunnelabschnitts zur Verbesserung des öffentlichen Personennahverkehrs wurden die Voraussetzungen für den Bau eines Metronetzes geschaffen. Die bestehende Metrolinie entwickelte sich aus einer Eisenbahnstrecke über eine Schnellbahn. Die heutige Metrolinie ist die Weiterentwicklung der Schnellbahn.

Inbetriebnahme 1987

Der Streckenplan

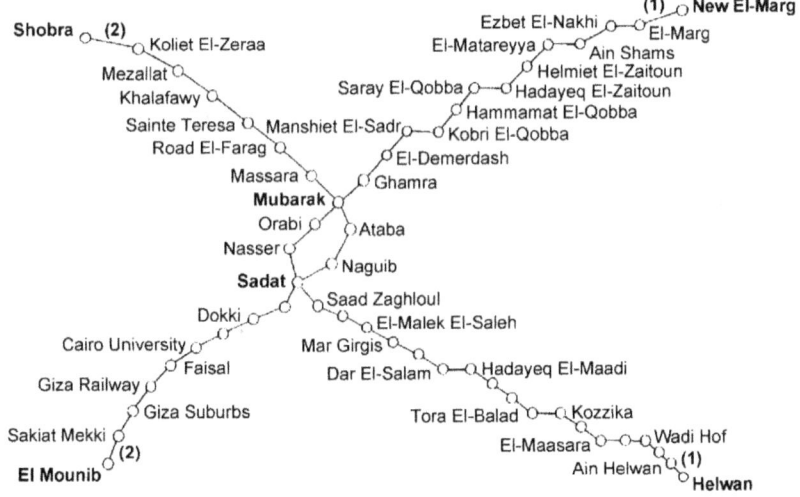

Bild 21 - Streckenplan der Metro von Kairo

Strecke und Stationen

- teilweise als Tunnelbahn,
- teilweise ebenerdig.

Bahnsteige:

- teilweise Mittelbahnsteige,
- teilweise Seitenbahnsteige.

Bahnsteiglänge:

160 m und 200 m.

Stationsentfernungen:

durchschnittlich etwa 1330 m.

Technische Angaben

Fahrbetrieb:

Überwiegend automatisch, mit Triebwagenführer.

Fahrzeuge:

Der Fahrzeugpark besteht aus Triebwagen und Beiwagen. Ihre Maße sind:

Triebwagen

- 21,00 m lang,
- 2,88 m breit,
- 4,30 m hoch.

Beiwagen

- 21,40 m lang,
- 2,88 m breit,
- 3,87 m hoch.

Eine Fahrzeugeinheit besteht aus zwei Triebwagen und einem Beiwagen.
Der Beiwagen wird zwischen die beiden Triebwagen gekuppelt.
Betriebsmäßig eingesetzte Züge bestehen aus 1, 2 oder 3 Fahrzeugeinheiten. Züge aus bis zu drei Fahrzeugeinheiten werden nur auf dem Streckenabschnitt zwischen den Stationen Kobry el Leimun und Heluan eingesetzt.
Jede Fahrzeugeinheit ist 63,40 m lang. Somit gibt es Züge mit 63,40 m, 126,80 m und 170,20 m Gesamtlänge.
In jedem Triebwagen finden 285 Fahrgäste Platz. Mit einem Beiwagen können 291 Fahrgäste befördert werden. Das bedeutet, daß in jeder Fahrzeugeinheit maximal 861 Fahrgäste Platz finden. Ein Zug aus drei Fahrzeugeinheiten ist für 2583 Fahrgäste ausgelegt.
Die Wagen haben Mittelgang und zu jeder Seite Doppelsitze. Sie sind beidseitig mit vier Doppeltüren für den Fahrgastbetrieb ausgestattet.

Fahrenergie:

Gleichstrom, Fahrspannung 1500 Volt.

Fahrspur:

1435 mm Spurweite.
Gleiskörper mit Stahlkranz befahrbar.

Fahrgeschwindigkeit:

durchschnittlich 34,0 km/h.
Höchstgeschwindigkeit 100,0 km/h.

3.63. Kalkutta

Das Nahverkehrssystem - Bahn - wird in Kalkutta „Metro" genannt.

Inbetriebnahme 1984

Der Streckenplan

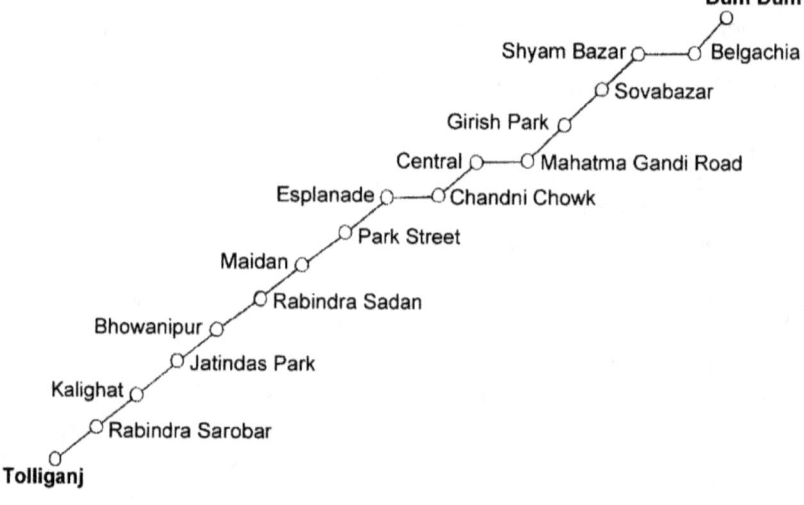

Bild 22 - Streckenplan der Metro von Kalkutta

Strecke und Stationen

- überwiegend als Tunnelbahn,
- teilweise in Hochlage (2 Stationen).

Bahnsteige:

- überwiegend Mittelbahnsteige,
- teilweise Seitenbahnsteige.

Bahnsteiglänge:

165 m.

Stationsentfernungen:

durchschnittlich etwa 1030 m.

Technische Angaben

Fahrbetrieb:

Überwiegend automatisch, mit Triebwagenführer.

Fahrzeuge:

Triebwagen

- 19,50 m lang,
- 2,74 m breit,
- 3,70 m hoch.

Betriebsmäßig werden Züge mit vier bis acht Wagen eingesetzt. Sie haben eine Gesamtlänge zwischen 78,00 m und 156 m.
Jeder Wagen kann 300 Fahrgäste aufnehmen. Somit finden je nach Zuglänge 1200 bis 2400 Fahrgäste Platz.
Die Wagen haben Mittelgang und Seitensitze. Beidseitig verfügen die Wagen über je vier Doppeltüren für den Fahrgastbetrieb.

Fahrenergie:

Gleichstrom, Fahrspannung 750 Volt.

Fahrspur:

1676 mm Spurweite.

Gleiskörper mit Stahlkranz befahrbar.

Fahrgeschwindigkeit:

durchschnittlich 30,0 km/h.
Höchstgeschwindigkeit 80,0 km/h.

Bild 23 - Ein Zug mit acht Wagen in einem Seitenbahnsteig

3.64. Kasan

Das Nahverkehrssystem - Bahn - wird in Kasan „Metro" genannt.

Inbetriebnahme 2005

Der Streckenplan

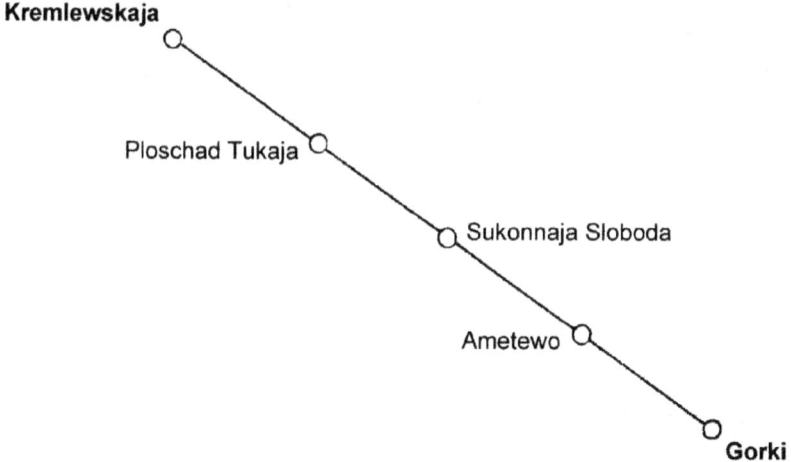

Bild 24 - Streckenplan der Metro von Kasan

Strecke und Stationen

- teilweise als Tunnelbahn,
- teilweise oberirdisch.

Bahnsteige:

- überwiegend Mittelbahnsteige,
- teilweise Seitenbahnsteige.

Bahnsteiglänge:

etwa 100 m.

Stationsentfernungen:

durchschnittlicher Haltestellenabstand etwa 1785 m.

Technische Angaben

Fahrbetrieb:

Von einer Dispatcherzentrale erfolgt die Zugüberwachung mit Hilfe industrieller Fernsehanlagen. Jeden Zug begleitet ein Triebwagenführer. Er fährt nach Anweisung des Zugdispatchers, der die Anweisungen über Funksprechverkehr erteilt.

Fahrzeuge:

Es werden Triebwagen mit Führerstand und Beiwagen ohne Führerstand eingesetzt.

Fahrzeugabmessungen:

- 19,210 m lang,
- 2,860 m breit,
- 3,644 m hoch.

Die betriebsmäßig eingesetzten Züge bestehen aus drei Wagen. Zwischen zwei Triebwagen wird ein Beiwagen gekuppelt. Die Gesamtlänge des Zuges beträgt 57,630 m.
Jeder Wagen bietet 290 Fahrgästen Platz. Ein Zug mit drei Wagen ist somit für 870 Fahrgäste ausgelegt.
Die Wagen haben Mittelgang und Seitensitze. Sie verfügen beidseitig

über vier Doppeltüren für den Fahrgastbetrieb.

Fahrenergie:

Gleichstrom, Fahrspannung 825 Volt.

Fahrspur:

1520 mm Spurweite.
Gleiskörper mit Stahlkranz befahrbar.

Fahrgeschwindigkeit:

durchschnittlich etwa 40,0 km/h,
Höchstgeschwindigkeit 90,0 km/h.

3.65. Kiew

Das Nahverkehrssystem - Bahn - wird in Kiew „Metro" genannt.

Inbetriebnahme 1960

Der Streckenplan

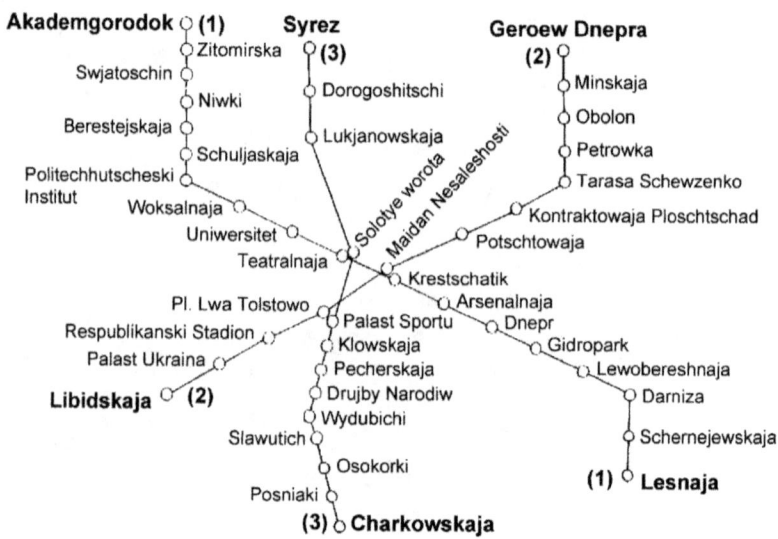

Bild 25 - Streckenplan der Metro von Kiew

Strecke und Stationen

- teilweise als Tunnelbahn,
- teilweise ebenerdig,
- teilweise als Hochbahn.

Bahnsteige:

- überwiegend Mittelbahnsteige,
- teilweise Seitenbahnsteige.

Bahnsteiglänge:

etwa 100 m.

Stationsentfernungen:

durchschnittlicher Haltestellenabstand etwa 1310 m.

Technische Angaben

Fahrbetrieb:

Von einer Dispatcherzentrale aus erfolgt die Zugüberwachung mit Hilfe industrieller Fernsehanlagen.
Jeden Zug begleitet ein Triebwagenführer. Er fährt nach Anweisung des Zugdispatchers, der die Anweisungen über Funksprechverkehr erteilt.

Fahrzeuge:

Es werden Triebwagen mit Führerstand und Beiwagen ohne Führerstand eingesetzt. Die Abmaße der Wagen sind:

- 19,20 m lang,
- 2,70 m breit,
- 3,65 m hoch.

Die betriebsmäßig eingesetzten Züge bestehen aus 5 Wagen.

Die Gesamtlänge des Zuges beträgt 96,00 m. Ein solcher Zug ist für 1410 Fahrgäste ausgelegt.

Die Wagen haben Mittelgang und Seitensitze. Sie verfügen beidseitig über vier Doppeltüren für den Fahrgastbetrieb.

Fahrenergie:

Gleichstrom, Fahrspannung 825 Volt.

Fahrspur:

1520 mm Spurweite.
Gleiskörper mit Stahlkranz befahrbar.

Fahrgeschwindigkeit:

durchschnittlich 40,2 km/h,
Höchstgeschwindigkeit 90,0 km/h.

3.66. Kitakyushu

Das Nahverkehrssystem - Bahn - wird in Kitakyushu „Monorail" genannt.

Inbetriebnahme 1985

Der Streckenplan

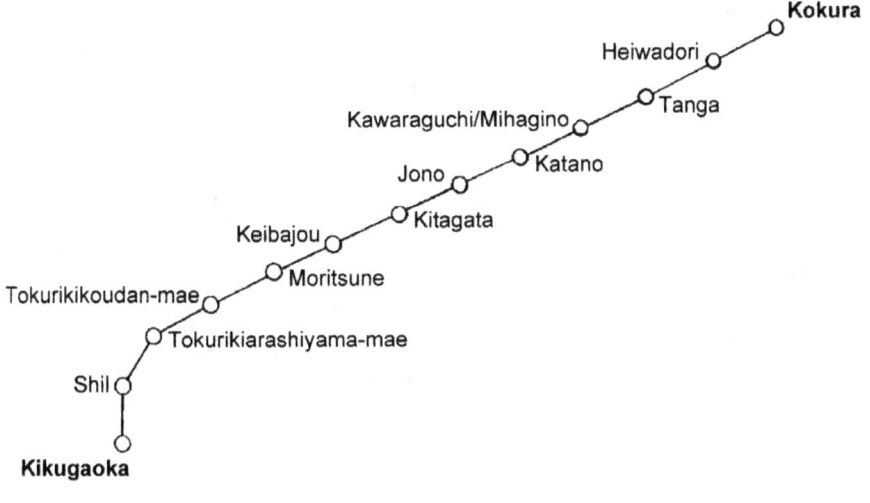

Bild 26 - Streckenplan der Monorail in Kitakyushu

Strecke und Stationen

Die Monorail fährt als Hochbahn auf Stahlbetonstützen.

Bahnsteige:

- Mittelbahnsteige und
- Seitenbahnsteige.

Bahnsteiglänge:

etwa 100 m.

Stationsentfernungen:

durchschnittlicher Haltestellenabstand etwa 730 m.

Technische Angaben

Fahrbetrieb:

Von einer Dispatcherzentrale erfolgt die Zugüberwachung mit Hilfe industrieller Fernsehanlagen. Jeden Zug begleitet ein Triebwagenführer. Er fährt nach Anweisung des Zugdispatchers, der die Anweisungen über Funksprechverkehr erteilt.

Fahrzeuge:

Es werden Triebwagen mit Führerstand und Beiwagen ohne Führerstand eingesetzt. Betriebsmäßig eingesetzte Züge bestehen aus 1, 2, 4 und 6 Wagen.
Ein 6-Wagen-Zug hat eine Gesamtlänge von etwa 96,00 m.
Die Wagen haben Mittelgang und Seitensitze. Sie verfügen beidseitig über zwei Doppeltüren für den Fahrgastbetrieb.

Fahrenergie:

Gleichstrom.

Fahrspur:

Einschienenbahn.
Spursicherung über Klammern mit seitlichen Führungsrollen.

Fahrgeschwindigkeit:

durchschnittlich 40,0 km/h,
Höchstgeschwindigkeit 100,0 km/h.

Bild 27 - Zugausfahrt aus der Station Kokura

Bild 28 - Einschienenbahn als Ein-Wagen-Zug im Hochbahnbereich

3.67. Kobe

In Kobe gibt es drei Nahverkehrssysteme - Bahn - welche die Ansprüche einer Metro erfüllen. Eines dieser Systeme wird „Subway", ein zweites „Portliner" und das dritte „Rokko-Liner" genannt.

Die „Subway" besteht aus zwei Linien. Sie haben einen gemeinsamen Verknüpfungspunkt, das ist die Station Shinnagata. Im Jahre 1977 wurde das erste Teilstück der Linie 1 - Saichin-Yamate Linie - in Betrieb genommen. Die Linie 2 - Kaigan Linie - , nahm im Jahre 2001 den Betrieb zur Personenbeförderung auf.

Das zweite System, „Portliner", ging 1981 in Nutzung. Diese Bahn führt in einer Schleife über die künstliche Insel Port Island. Sie ist mit der „Subway" (Linie 1 – Saichin-Yamate Linie) verknüpft und beginnt an der Subway-Station Sannomiya.

Als drittes System, „Rokko-Liner", ging im Jahre 1990 eine Bahn in Betrieb, die keine Verknüpfung zu den anderen Systemen hat.

Bild 29 – Züge der Subway aus zwei verschiedenen Baureihen

Bild 30 – Zugausfahrt eines Portliner aus einem Bahnhof

3.67.1. Kobe I

Hier wird das als „Subway" bezeichnete Metro-System erfaßt. Es besteht aus zwei eigenständgen Bahnstrecken. Beide Strecken werden mit Fahrzeugen der gleichen Bauart befahren.

Inbetriebnahme 1977/2001

Der Streckenplan

Bild 31 - Streckenplan der Subway von Kobe

Strecke und Stationen

- überwiegend als Tunnelbahn,
- teilweise ebenerdig.

Bahnsteige:

- überwiegend Mittelbahnsteige,
- teilweise Seitenbahnsteige.

Bahnsteiglänge:

160 m.

Stationsentfernungen:

Entfernungen zwischen den Stationen etwa 1600 m im Durchschnitt.

Technische Angaben

Fahrbetrieb:

Überwiegend automatisch, mit Triebwagenführer und Zugbegleiter.

Fahrzeuge:

Triebwagen

- 19,00 m lang,
- 2,79 m breit,
- 4,09 m hoch.

Betriebsmäßig eingesetzte Züge bestehen aus fünf Wagen. Die Zugeinheit hat eine Gesamtlänge von 95 m.
In jedem Wagen finden 140 Fahrgäste Platz. Im Platzangebot sind 56 Sitz- und 84 Stehplätze je Wagen. Jeder Zug ist für 700 Fahrgäste ausgelegt.
Die Wagen haben Mittelgang und Doppelsitze. Sie haben beidseitig drei Doppeltüren für den Fahrgastbetrieb.

Fahrenergie:

Gleichstrom, Fahrspannung 1500 Volt.

Fahrspur:

1435 mm Spurweite.

Gleiskörper mit Stahlkranz befahrbar.

Fahrgeschwindigkeit:

Reisegeschwindigkeit durchschnittlich 44,0 km/h.
Höchstgeschwindigkeit 100,0 km/h.

3.67.2. Kobe II

Ein zweites System, das die Anforderungen einer Metro erfüllt, ist die Bahn, die in Kobe „Portliner" genannt wird. Diese Bahn ist mit der „Subway" verknüpft und beginnt an der Subway-Station Sannomiya. Die Portliner führt in einer Schleife über die künstliche Insel Port Island.

Inbetriebnahme 1981

Der Streckenplan

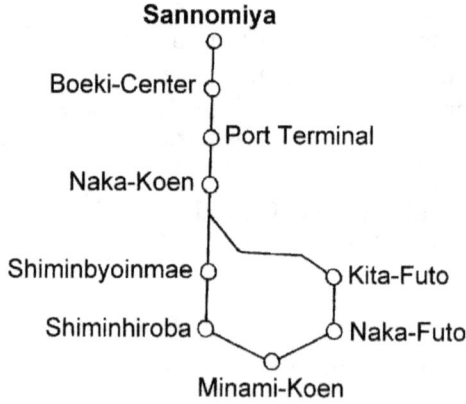

Bild 32 - Streckenplan der Portliner von Kobe

Strecke und Stationen

Die Portrainer-Linie ist als Hochbahn angelegt. Vom Festland führt die Strecke über eine Brücke zur Insel Port Island.

Bahnsteige:

- teilweise Mittelbahnsteige,
- teilweise Seitenbahnsteige.

Bahnsteiglänge:

etwa 70 m.

Stationsentfernungen:

Entfernungen zwischen den Stationen:

- auf der Portliner-Linie etwa 800 m.

Technische Angaben

Fahrbetrieb:

Automatisch, fahrerlos.

Fahrzeuge:

Triebwagen und Beiwagen. Ihre Maße sind einheitlich:

- 10,00 m lang,
- 2,48 m breit,
- 3,49 m hoch.

Auf der Portliner-Linie werden betriebsmäßig Züge mit sechs Wagen eingesetzt. Die Zugeinheit hat eine Gesamtlänge von 60 m.
Jeder Wagen kann 75 Fahrgäste aufnehmen. Jede Zugeinheit ist somit für 450 Fahrgäste ausgelegt.
Die Wagen haben Mittelgang und Doppelsitze. Sie sind beidseitig mit jeweils einer Doppeltür für den Fahrgastbetrieb ausgestattet.

Fahrenergie:

Gleichstrom, Fahrspannung 600 Volt.

Fahrspur:

Spurweite ca. 1400 mm.

Die Portliner sind gummibereifte Fahrzeuge.
Ihre Spurtreue wird durch seitliche Führungsräder gewährleistet.
Laufflächen, anstelle der Gleiskörper, bestehen aus Beton und sind mit Stahlblechen belegt.
Stahlspurkranzräder sichern die Weichenfahrt und Weiterfahrt bei Reifendefekt.

Fahrgeschwindigkeit:

Reisegeschwindigkeit durchschnittlich 15,4 km/h.
Höchstgeschwindigkeit 60,0 km/h.

3.67.3. Kobe III

Als drittes System führt eine zweite Bahn von der Bauart der Portliner zur künstlichen Insel Rokko.
Die Bahn wird als Rokko-Linie bezeichnet. Sie hat in der Station Uozaki eine Anknüpfung zur Schnellbahn Hanshin Electric Railway und in der Station Sumiyoshi zur Eisenbahn.

Inbetriebnahme 1990

Strecke und Stationen

Die Bahn der Rokko-Linie ist als Hochbahn-Strecke angelegt. Vom Festland führt die Strecke über eine Brücke zur Insel Rokko.

Der Streckenplan

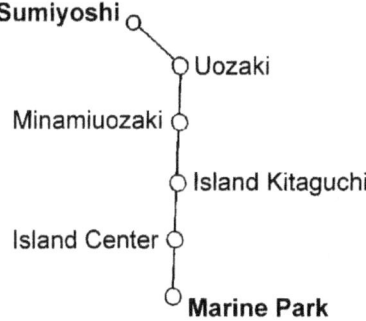

Bild 33 - Streckenplan der Rokko-Linie von Kobe

Strecke und Stationen

Die Bahn der Rokko-Linie ist als Hochbahn-Strecke angelegt. Vom Festland führt die Strecke über eine Brücke zur Insel Rokko.

Bahnsteige:

- teilweise Mittelbahnsteige,
- teilweise Seitenbahnsteige.

Bahnsteiglänge:

etwa 70 m.

Stationsentfernungen:

Entfernungen zwischen den Stationen:

- auf der Rokko-Linie etwa 900 m.

Technische Angaben

Fahrbetrieb:

Automatisch, fahrerlos.

Fahrzeuge:

Triebwagen und Beiwagen. Ihre Maße sind einheitlich:
- 10,00 m lang,
- 2,48 m breit,
- 3,49 m hoch.

Die auf der Rokko-Linie eingesetzten Züge fahren mit vier Wagen.
Die Zugeinheit hat eine Gesamtlänge von 40 m.
In jedem Wagen können 75 Fahrgäste aufgenommen werden. Jeder Zug kann somit 300 Fahrgäste befördern.
Die Wagen haben Mittelgang und Doppelsitze. Sie sind beidseitig mit jeweils einer Doppeltür für den Fahrgastbetrieb ausgestattet.

Fahrenergie:

Gleichstrom, Fahrspannung 600 Volt.

Fahrspur:

Spurweite ca. 1400 mm.

Die Portliner sind gummibereifte Fahrzeuge.
Ihre Spurtreue wird durch seitliche Führungsräder gewährleistet.
Laufflächen, anstelle der Gleiskörper, bestehen aus Beton und sind mit Stahlblechen belegt.
Stahlspurkranzräder sichern die Weichenfahrt und Weiterfahrt bei Reifendefekt.

Fahrgeschwindigkeit:

Reisegeschwindigkeit durchschnittlich 15,4 km/h.
Höchstgeschwindigkeit 60,0 km/h.

3.68. Köln

Das Nahverkehrssystem - Bahn - in Köln ist eine „U-Straßenbahn". Sie wird hier auch als „U-(Stadt)Bahn" bezeichnet. Diese Bahn nimmt teilweise in einer Form am öffentlichen Straßenverkehr teil, die den Anspruch U-Bahn zu sein nicht in jedem Falle rechtfertigen kann. So wird sie analog dem fließenden Verkehr an Kreuzungen mit Ampelbetrieb bei Rot-Schaltung parallel zum Straßenverkehr angehalten. Das führt oft zu Störungen im Betrieb und zu erheblichen Verspätungen.

Inbetriebnahme 1968

Strecke und Stationen

- teilweise als Tunnelbahn,
- teilweise ebenerdig,
- teilweise als Hochbahn auf Viadukten.

Bahnsteige:

- teilweise Seitenbahnsteige 3,00 m breit,
- teilweise Mittelbahnsteige.

Bahnsteiglänge:

80 m.

Stationsentfernungen:

durchschnittlich etwa 1340 m.

Der Streckenplan

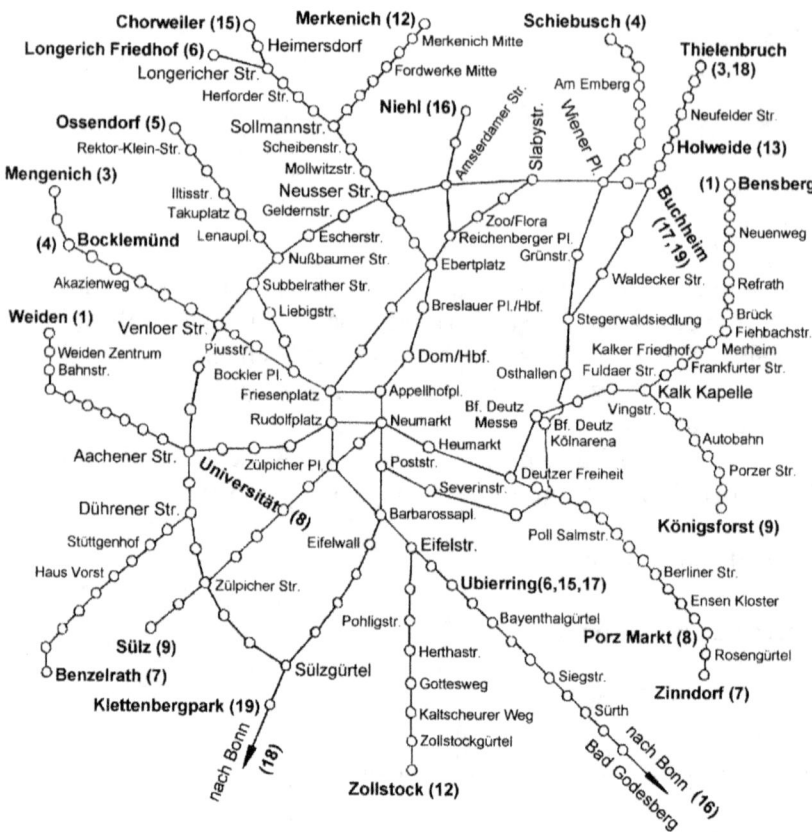

Bild 34 – Streckenplan der U-(Stadt)Bahn von Köln

Technische Angaben

Fahrbetrieb:

Überwiegend automatisch, mit Triebwagenführer.

Fahrzeuge:

zweiteilige Zweirichtungs-Gelenktriebwagen
- 28,00 m lang,
- 2,65 m breit,
- 3,36 m hoch.

Der längste betriebsmäßig eingesetzte Zug besteht aus 2 zweiteiligen Zweirichtungs-Gelenktriebwagen. Seine Gesamtlänge beträgt 56 m und ist für 564 Fahrgäste ausgelegt.
Die Wagen haben Mittelgang, Einzel- und Doppelsitze. Sie haben beidseitig zwei Einfach- und vier Doppeltüren für den Fahrgastbetrieb.

Fahrenergie:

Gleichstrom, Fahrspannung 750 Volt.

Fahrspur:

1435 mm Spurweite.
Gleiskörper mit Stahlkranz befahrbar.

Fahrgeschwindigkeit:

Reisegeschwindigkeit durchschnittlich 24,5 km/h.
Höchstgeschwindigkeit 70,0 km/h.

Bild 35 – Zug der Linie 4 fährt aus dem Straßenbereich am U-Bahnhof Deutz/Messe in Richtung Bocklemünd

Bild 36 – 3-Wagen-Zug der U-Bahn Linie 16 nach Köln-Niehl in der Station Bonn Hbf.

Bild 37 – Zug der U-Bahn Linie 3 nach Holweide in der Station Bhf. Deutz/Kölnarena

Bild 38 – Dreiteiliger Zweirichtungs-Gelenktriebwagen der U-Bahn Linie 5 in Richtung Ossendorf

Bild 39 – U-Bahnzug der Linie 19 in Richtung Klettenberg, bestehend aus zwei zweiteiligen Zweirichtungs-Gelenktriebwagen

Bild 40 – U-Bahnzüge der Linie 12 in Richtung Zollstock und der Linie 18 in Richtung Chorweiler

Bild 41 – U-Bahnzüge der Linie 18 in Richtung Brühl und der Linie 12 in Richtung Merkenich

Bild 42 – Das Innere eines zweiteiligen Zweirichtungs-Gelenktriebwagens

3.69. Kopenhagen

Das Nahverkehrssystem - Bahn - wird in Kopenhagen „Metro" genannt.

Inbetriebnahme 2002

Der Streckenplan

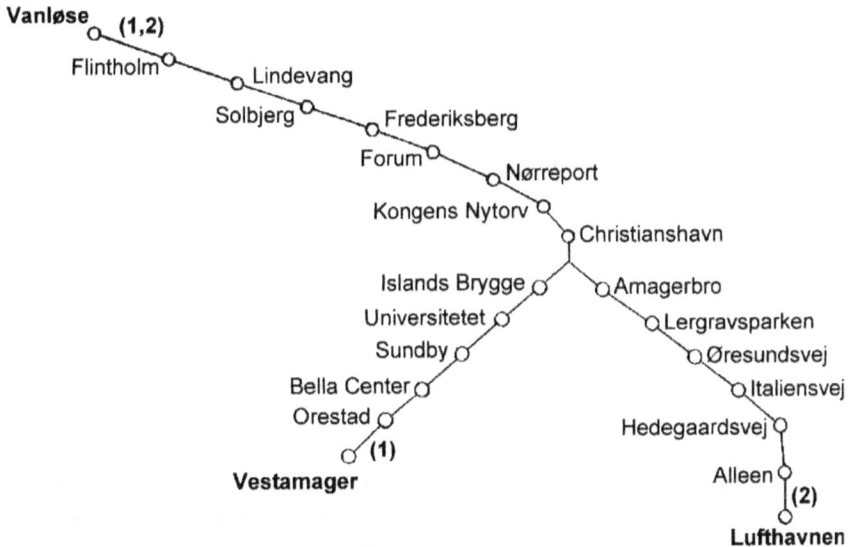

Bild 43 - Streckenplan der Metro von Kopenhagen

Strecke und Stationen

- teilweise als Tunnelbahn,
- teilweise ebenerdig,
- teilweise als Hochbahn auf Viadukten.

Bahnsteige:

- teilweise Seitenbahnsteige,
- teilweise Mittelbahnsteige.

Bahnsteiglänge:

etwa 30 m.

Stationsentfernungen:

etwa 750 bis 1250 m.

Technische Angaben

Fahrbetrieb:

vollautomatisch, fahrerlos.

Fahrzeuge:

Dreiteiliger Zweirichtungs-Gelenkzug.

- 22,00 m lang,
- 2,65 m breit,
- 3,36 m hoch.

Betriebsmäßig eingesetzte Züge bestehen aus 3 Elementen. Das sind 2 Kopfwagen und ein Zwischenelement. Baugleiche Kopfwagen werden als Führungs- und Schlußelement verwendet. Dazwischen ist über scheibenförmige Drehteller das Zwischenelement gekuppelt. Eine Zugeinheit hat eine Gesamtlänge von 66,0 m. Sie ist für 300 Fahrgäste ausgelegt. Davon sind 60 Plätze Sitzplätze und 240 Plätze sind Stehplätze. Die Wagen haben Mittelgang und Doppelsitze. Jede Zugeinheit ist beidseitig mit je 6 Doppeltüren für den Fahrgastbetrieb ausgestattet.

Fahrenergie:

Gleichstrom, Fahrspannung 750 Volt.

Fahrspur:

1435 mm Spurweite.
Gleiskörper mit Stahlkranz befahrbar.

Fahrgeschwindigkeit:

Reisegeschwindigkeit durchschnittlich 24,5 km/h.
Höchstgeschwindigkeit 70,0 km/h.

Bild 44 - Geöffnete Schotten und geöffnete Doppeltür des Wagens zum Einstieg

Bild 45 - Blick aus dem fahrenden Zug in Fahrtrichtung

Bild 46 - Zweirichtungsbahnhof im Hochbahnbereich

Bild 47 - Fahrschein der Metro von Kopenhagen

Bild 48 - Ein kompletter Metrozug im Hochbahnbereich

Bild 49 - Vollautomatischer Zug im Bahnsteig. Deutlich erkennbar sind die Steuerelemente an der Zugeinheit und im Gleisbereich.

Bild 50 - Blick in die Tunnelstrecke. Links neben dem Gleiskörper ein Notgang mit gut ausgeleuchteten Fluchtwegen

3.70. Krefeld

Das Nahverkehrssystem - Bahn - in Krefeld ist eine „U-Straßenbahn".
Diese Bahn wird in Krefeld auch als „U-(Stadt)Bahn" bezeichnet.

Inbetriebnahme 1990

Der Streckenplan

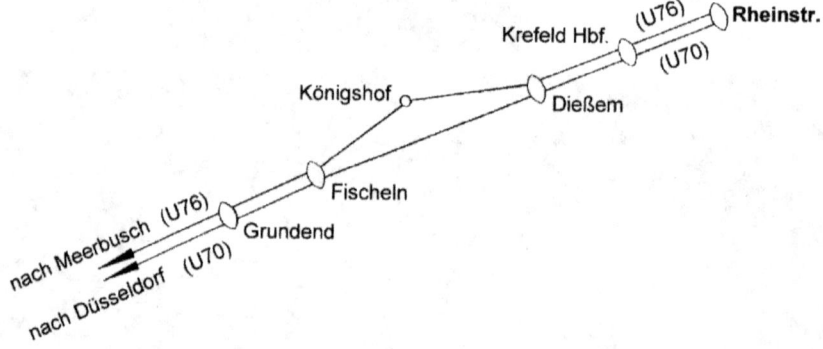

Bild 51 - Streckenplan der U-(Stadt)Bahn von Krefeld

Strecke und Stationen

Die Streckenführung ist oberirdisch ebenerdig.

Bahnsteige:

Die Bahnsteige sind Seitenbahnsteige.

Bahnsteiglänge:

ca. 95 m.

Stationsentfernungen:

Die durchschnittliche Stationsentfernung beträgt etwa 900 m.

Technische Angaben

Fahrbetrieb:

Überwiegend automatisch, mit Triebwagenführer.

Fahrzeuge:

zweiteilige Zweirichtungs-Gelenktriebwagen

- 28,00 m lang,
- 2,65 m breit,
- 3,36 m hoch.

Der längste betriebsmäßig eingesetzte Zug besteht aus 2 zweiteiligen Zweirichtungs-Gelenktriebwagen. Seine Gesamtlänge beträgt 56,0 m. In jedem Gelenktriebwagen finden 282 Fahrgäste Platz. Davon sind 70 Sitz- und 212 Stehplätze. Ein Zug ist somit für 564 Fahrgäste ausgelegt.
Die Wagen haben Mittelgang, Einzel- und Doppelsitze. Sie haben beidseitig zwei Einfach- und vier Doppeltüren für den Fahrgastbetrieb.

Fahrenergie:

Gleichstrom, Fahrspannung 750 Volt.

Fahrspur:

1435 mm Spurweite.
Gleiskörper mit Stahlkranz befahrbar.

Fahrgeschwindigkeit:

Reisegeschwindigkeit durchschnittlich 24,5 km/h.
Höchstgeschwindigkeit 70,0 km/h.

Bild 52 – Zug der U-(Stadt)Bahn im Straßenbereich in Krefeld

Bild 53 – Station Rheinstraße
(Hinweisschild der U-Stadtbahn)

Bild 54 – Triebwagen der U76

3.71. Krivoy Rog

Das Nahverkehrssystem - Bahn - wird in Krivoy Rog „Untergrund-Schnellbahn" genannt.

Inbetriebnahme 1986

Der Streckenplan

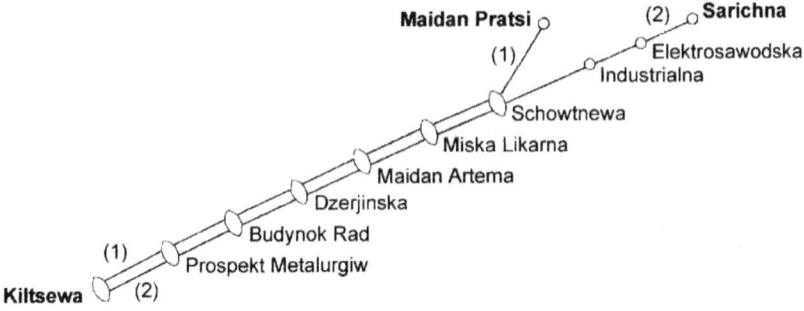

Bild 55 - Streckenplan der Untergrund-Schnellbahn von Krivoy Rog

Strecke und Stationen

Die Untergrund-Schnellbahn in Krivoy Rog fährt

- in vier Stationen als Tunnelbahn,
- in sieben Stationen oberirdisch (ebenerdig).

Bahnsteige:

Überwiegend Mittelbahnsteige bis 10,0 m breit.

Bahnsteiglänge:

etwa 60 bis 100 m.

Stationsentfernungen:

durchschnittlicher Haltestellenabstand etwa 570 m.

Technische Angaben

Fahrbetrieb:

Von einer Dispatcherzentrale erfolgt die Zugüberwachung mit Hilfe industrieller Fernsehanlagen. Jeden Zug begleitet ein Triebwagenführer. Er fährt nach Anweisung des Zugdispatchers, der die Anweisungen über Funksprechverkehr erteilt.

Fahrzeuge:

Es werden Triebwagen vom Typ Tatra T3 und Fahrzeuge vom Typ KTM-11/11T eingesetzt. Die Abmaße beider Wagentypen sind:

- 19,20 m lang,
- 2,70 m breit,
- 3,65 m hoch.

Die betriebsmäßig eingesetzten Züge bestehen aus 2 bis 4 Wagen. Die Gesamtlänge der Züge beträgt 38,40 m bis 76,80 m. Diese sind für 264 bis 528 Fahrgäste ausgelegt.
Die Wagen haben Mittelgang und Seitensitze.

Fahrenergie:

Gleichstrom, Fahrspannung 825 Volt.

Fahrspur:

1520 mm Spurweite.

Gleiskörper mit Stahlkranz befahrbar.

Fahrgeschwindigkeit:

durchschnittlich etwa 32,0 km/h,
Höchstgeschwindigkeit 60,0 km/h.

Bild 56 – Untergrund-Schnellbahn-Zug vom Typ Tatra T3

Bild 57 – Untergrund-Schnellbahn-Zug vom Typ KTM-11/11T

3.72. Kuala Lumpur

Das Nahverkehrssystem - Bahn - wird in Kuala Lumpur „Mass Transit" genannt.

Inbetriebnahme 1996

Der Streckenplan

Bild 58 - Streckenplan der Mass Transit von Kuala Lumpur

In der Hauptstadt von Malaysia, Kuala Lumpur, wird gegenwärtig an einem Metronetz gebaut. Dieses Nahverkehrssystem - Bahn - verfügt zur Zeit über vier Linien. Diese vier Linien werden von drei verschiedenen privaten Gesellschaften betrieben.

Alle Bahnen erfüllen die Ansprüche einer Metro.

Das Metro-System wird in Kuala Lumpur „Mass Transit" genannt.

Jede Gesellschaft verfügt über Fahrzeuge einer anderen Bauart.

Inbetriebnahmen der Linien 1 und 2 (LRT 1 – Star Route) waren in den Jahren 1996 und 1998.

Inbetriebnahme der Linie 3 (LRT 2 – Putra Route) war im Jahre 1998.

Inbetriebnahme der Linie 4 (LRT 3 – PRT Monorail Line) erfolgte im Jahre 2003.

Bild 59 – Triebwagen, Linie 1,2   Bild 60 – Triebwagen der Linie 3

Bild 61 – Innenansicht eines Zuges der Linie 3 - Putra Route

Bild 62 und 63 – Zwei-Wagen-Züge der Einschienenbahn,
PRT Monorail Line – Linie 4

3.72.1. Kuala Lumpur I

Hier wird die erste im Jahre 1996 in Betrieb genommene Linie der Mass Transit erfaßt.
Die Linien 1 und 2 tragen den Namen „LRT (Light Rail) STAR Route". Sie bestehen aus einer sich in der Station Chan Sow Lin verzweigenden Strecke.

Der Streckenplan

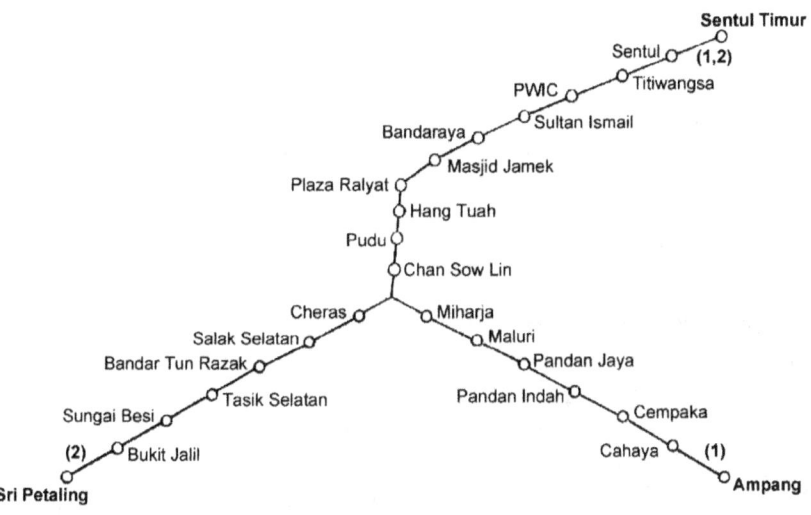

Bild 64 - Streckenplan der Mass Transit (Linie 1 und 2), LRT-STAR Linie von Kuala Lumpur

Strecke und Stationen

- teilweise als Tunnelbahn,
- teilweise ebenerdig.

Bahnsteige:

überwiegend Seitenbahnsteige, teilweise Mittelbahnsteige.

Bahnsteiglänge:

ca. 100 m.

Stationsentfernungen:

Die durchschnittliche Stationsentfernung beträgt etwa 1125 m.

Technische Angaben

Fahrbetrieb:

Überwiegend automatisch, mit Triebwagenführer.

Fahrzeuge:

Es stehen ausschließlich Triebwagen zur Verfügung. Die Maße sind:
- 16,00 m lang,
- 2,70 m breit,
- 3,36 m hoch.

Betriebsmäßig werden Züge mit sechs Wagen eingesetzt. Jeweils zwei Triebwagen sind zu einer Einheit verbunden. Somit besteht ein Zug aus drei Doppeltriebwagen. Ein Zug hat eine Länge von 96,00 m.
Jeder Wagen verfügt über 40 Sitz- und 164 Stehplätze. Bis zu 1224 Fahrgäste können in einem Zug Platz finden.
Die Wagen haben Mittelgang und Doppelsitze. Beidseitig sind je drei Doppeltüren für den Fahrgastbetrieb angeordnet.

Fahrenergie:

Gleichstrom, Fahrspannung 750 Volt.

Fahrspur:

1435 mm Spurweite.
Gleiskörper mit Stahlkranz befahrbar.

Fahrgeschwindigkeit:

Reisegeschwindigkeit durchschnittlich 35,0 km/h.
Höchstgeschwindigkeit 70,0 km/h.

3.72.2. Kuala Lumpur II

Die Linien 3 wird als „LRT 2 – PUTRA Route" bezeichnet.

Inbetriebnahme 1998

Der Streckenplan

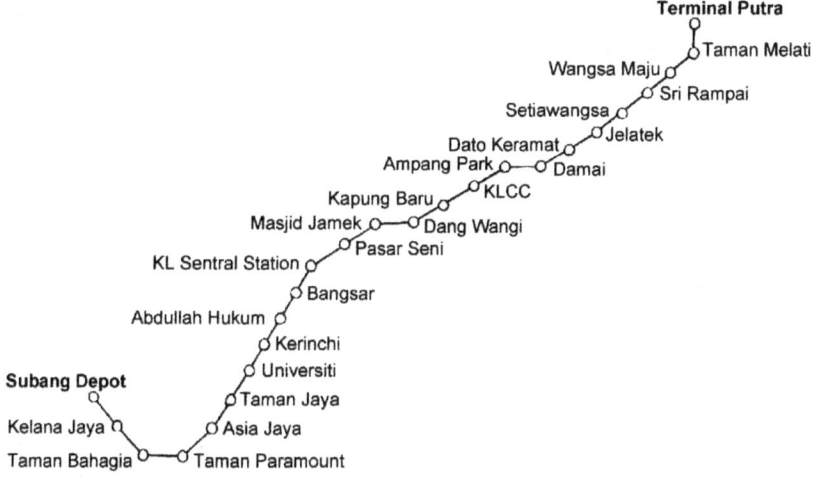

Bild 65 - Streckenplan der Mass Transit (Linie 3) von Kuala Lumpur

Strecke und Stationen

- teilweise als Tunnelbahn,
- teilweise oberirdisch.

Bahnsteige:

- teilweise Mittelbahnsteige,
- teilweise Seitenbahnsteige.

Bahnsteiglänge:

etwa 100 m.

Stationsentfernungen:

durchschnittlicher Haltestellenabstand etwa 1200 m.

Technische Angaben

Fahrbetrieb:

Von einer Dispatcherzentrale erfolgt die Zugüberwachung mit Hilfe industrieller Fernsehanlagen. Die Züge fahren nach Anweisung des Dispatchers, durch Fernsteuerung.

Fahrzeuge:

Es gibt Triebwagen und antriebslose Wagen. Die Abmessungen jeder Zugeinheit beträgt:

- 63,70 m lang,
- 2,63 m breit,
- 3,25 m hoch.

Der Betriebsablauf wird vollautomatisch in einer Betriebsleitstelle geregelt.
Betriebsmäßig eingesetzte Züge bestehen aus 4 Wagen. Zwischen zwei Triebwagen sind zwei antriebslose Wagen gekuppelt. Eine Zugeinheit hat eine Gesamtlänge von 63,70 m. Sie ist für 560 Fahrgäste ausgelegt. Die Wagen haben Mittelgang. Jeder Wagen ist beidseitig mit drei Doppeltüren für den Fahrgastbetrieb ausgestattet.

Fahrenergie:

Gleichstrom, Fahrspannung 825 Volt.

Fahrspur:

1435 mm Spurweite.
Gleiskörper mit Stahlkranz befahrbar.

Fahrgeschwindigkeit:

durchschnittlich etwa 34,0 km/h,
Höchstgeschwindigkeit 80,0 km/h.

3.72.3. Kuala Lumpur III

Die Linien 4 wird als „LRT 3 – PRT Monorail Line" bezeichnet.

Inbetriebnahme 2003

Der Streckenplan

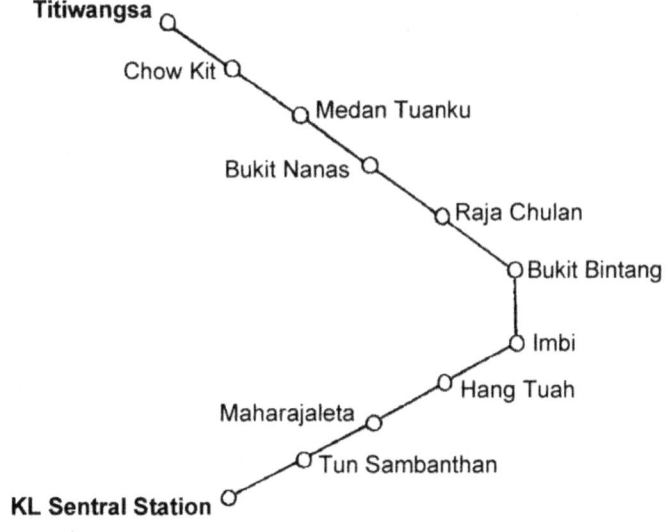

Bild 66 - Streckenplan der Mass Transit (Linie 4) von Kuala Lumpur

Strecke und Stationen

Die Einschienenbahn wird auf Viadukten geführt.

Bahnsteige:

- teilweise Mittelbahnsteige,
- teilweise Seitenbahnsteige.

Bahnsteiglänge:

etwa 100 m.

Stationsentfernungen:

durchschnittlicher Haltestellenabstand etwa 860 m.

Technische Angaben

Fahrbetrieb:

Von einer Dispatcherzentrale erfolgt die Zugüberwachung mit Hilfe industrieller Fernsehanlagen. Die Züge fahren nach Anweisung des Dispatchers, durch Fernsteuerung.

Fahrzeuge:

Doppeltriebwagen. Die Abmessungen je Wagen betragen:

- 12,70 m lang,
- 2,13 m breit,
- 3,25 m hoch.

Der Betriebsablauf wird vollautomatisch in einer Betriebsleitstelle geregelt.
Betriebsmäßig eingesetzte Züge bestehen aus 2 Wagen. Sie werden als Doppeltriebwagen verwendet. Eine Zugeinheit hat eine Gesamtlänge von 25,40 m. Sie ist für 268 Fahrgäste ausgelegt. Davon sind 48 längs angeordnete Sitz- und 220 Stehplätze. Die Wagen haben Mittelgang. Jeder Wagen ist beidseitig mit drei Doppeltüren für den Fahrgastbetrieb ausgestattet.

Fahrenergie:

Gleichstrom, Fahrspannung 825 Volt.

Fahrspur:

Einschienenbahn.
Spursicherung über Klammern mit seitlichen Führungsrollen.

Fahrgeschwindigkeit:

durchschnittlich etwa 35,0 km/h,
Höchstgeschwindigkeit 80,0 km/h.

3.73. Kuibyschew (Samara)

Das Nahverkehrssystem - Bahn - wird in Kuibyschew (Samara) „Metro" genannt.

Inbetriebnahme 1987

Der Streckenplan

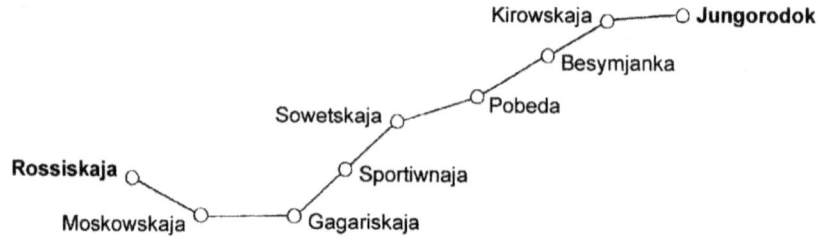

Bild 67 - Streckenplan der Metro von Kuibyschew (Samara)

Strecke und Stationen

Die Metro in Kuibyschew fährt als Tunnelbahn.
Ausnahmen: Der Haltepunkt Kirowskaja ist eine oberirdische Station.

Bahnsteige:

Überwiegend Mittelbahnsteige, 10,0 m breit.

Bahnsteiglänge:

etwa 100 m.

Stationsentfernungen:

durchschnittlicher Haltestellenabstand etwa 1900 m.

Technische Angaben

Fahrbetrieb:

Von einer Dispatcherzentrale erfolgt die Zugüberwachung mit Hilfe industrieller Fernsehanlagen. Jeden Zug begleitet ein Triebwagenführer. Er fährt nach Anweisung des Zugdispatchers, der die Anweisungen über Funksprechverkehr erteilt.

Fahrzeuge:

Es gibt Triebwagen und Motorwagen. Motorwagen verfügen über ein erhöhtes Platzangebot. Die Abmaße beider Wagentypen sind:

- 19,20 m lang,
- 2,70 m breit,
- 3,65 m hoch.

Die betriebsmäßig eingesetzten Züge bestehen aus 5 Wagen. Davon sind zwei Triebwagen und drei Motorwagen. Die Gesamtlänge des Zuges beträgt 96,00 m. Dieser ist für 1410 Fahrgäste ausgelegt.
Die Wagen haben Mittelgang und Seitensitze. Sie haben beidseitig je vier Doppeltüren für den Fahrgastbetrieb.

Fahrenergie:

Gleichstrom, Fahrspannung 825 Volt.

Fahrspur:

1520 mm Spurweite.
Gleiskörper mit Stahlkranz befahrbar.

Fahrgeschwindigkeit:

durchschnittlich etwa 40,0 km/h,
Höchstgeschwindigkeit 90,0 km/h.

3.74. Kwangju

Das Nahverkehrssystem - Bahn - wird in Kwangju „Subway" genannt.

Inbetriebnahme 2004

Der Streckenplan

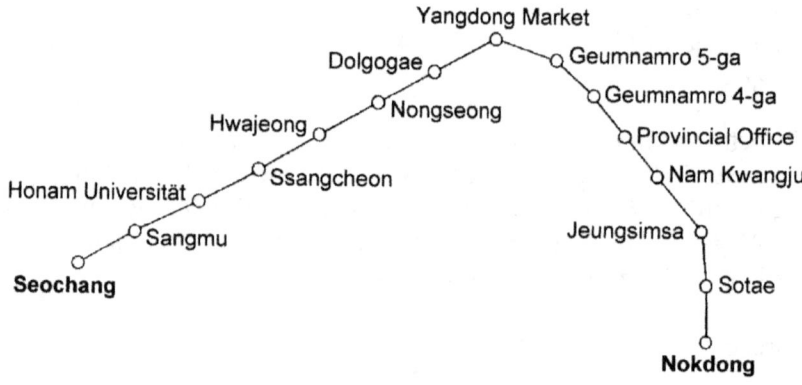

Bild 68 - Streckenplan der Subway von Kwangju

Strecke und Stationen

Die Subway fährt
- teilweise als Tunnelbahn,
- teilweise als Hochbahn auf Viadukten.

Bahnsteige:

Alle Bahnsteige sind Seitenbahnsteige.

Bahnsteiglänge:

etwa 100 m.

Stationsentfernungen:

Die Stationen sind durchschnittlich etwa 915 m voneinander entfernt.

Technische Angaben

Fahrbetrieb:

Überwiegend automatisch, mit Triebwagenführer.

Fahrzeuge:

Es gibt Triebwagen mit Führerstand und antriebslose Wagen ohne Führerstand.

Fahrzeugabmessungen:

Triebwagen

- 20,00 m lang,
- 3,12 m breit,
- 3,75 m hoch.

Antriebslose Wagen

- 16,00 m lang,
- 3,12 m breit,
- 3,75 m hoch.

Betriebsmäßig eingesetzte Züge bestehen aus je einem Triebwagen an der Spitze und am Ende eines Zuges. Dazwischen sind zwei antriebslose Wagen gekuppelt.

Somit besteht jeder Zug aus vier Wagen. Die Gesamtlänge beträgt 72,00 m.

Jeder Triebwagen verfügt über eine Transportkapazität von 106 Steh- und 54 Sitzplätzen. Ein antriebsloser Wagen kann 120 Fahrgäste aufnehmen. In jeder Zugeinheit können bis zu 560 Fahrgäste befördert werden.

Die Wagen haben Mittelgang und Seitensitze. Triebwagen verfügen beidseitig über je vier Doppeltüren. Antriebslose Wagen haben beidseitig je drei Doppeltüren für den Fahrgastbetrieb.

Fahrenergie:

Gleichstrom, Fahrspannung 1500 Volt.

Fahrspur:

1435 mm Spurweite.
Gleiskörper mit Stahlkranz befahrbar.

Fahrgeschwindigkeit:

durchschnittlich 37,0 km/h.
Höchstgeschwindigkeit 80,0 km/h.

3.75. Kyoto

Das Nahverkehrssystem - Bahn - wird in Kyoto „Subway" genannt.

Inbetriebnahme 1981

Der Streckenplan

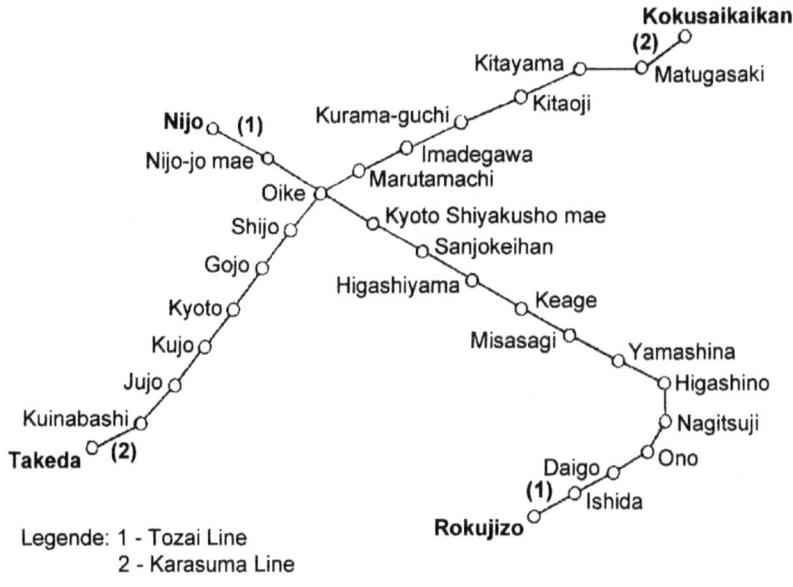

Bild 69 - Streckenplan der Subway von Kyoto

Strecke und Stationen

Die Subway in Kyoto fährt grundsätzlich als Tunnelbahn.

Bahnsteige:

Überwiegend Mittelbahnsteige, 7,0 bis 10,0 m breit.
Ausnahme: Die Station Oike ist mit Seitenbahnsteigen ausgestattet. Diese sind jeweils 5,0 m breit.

Bahnsteiglänge:

etwa 175 m.

Stationsentfernungen:

durchschnittlicher Haltestellenabstand etwa 1090 m.

Technische Angaben

Fahrbetrieb:

Von einer Dispatcherzentrale erfolgt die Zugüberwachung mit Hilfe industrieller Fernsehanlagen. Jeden Zug begleitet ein Triebwagenführer. Er fährt nach Anweisung des Zugdispatchers, der die Anweisungen über Funksprechverkehr erteilt.

Fahrzeuge:

Es gibt Triebwagen und Motorwagen. Motorwagen verfügen über ein erhöhtes Platzangebot. Alle Wagen haben gleiche Maße. Sie betragen:

- 20,50 m lang,
- 2,80 m breit,
- 3,65 m hoch.

Betriebsmäßig werden Züge mit 4 und 6 Wagen eingesetzt. 4-Wagen-Züge haben zwei Triebwagen und zwei Motorwagen. Die Gesamtlänge eines solchen Zuges beträgt 82,00 m. Das Fassungsvermögen der Zugeinheit liegt bei etwa 820 Fahrgästen. 6-Wagen-Züge bestehen

aus einer 4-Wagen-Zugeinheit und einer 2-Wagen-Zugeinheit. Hier sind zwei Triebwagen zusammen gekuppelt. 6-Wagen-Züge haben eine Gesamtlänge von 123 m. Ein solcher Zug hat ein Fassungsvermögen für etwa 1230 Fahrgäste.
Die Wagen haben Mittelgang und Seitensitze. Sie haben beidseitig je vier Doppeltüren für den Fahrgastbetrieb.

Fahrenergie:

Gleichstrom, Nennspannung 1500 Volt.

Fahrspur:

1435 mm Spurweite.
Gleiskörper mit Stahlkranz befahrbar.

Fahrgeschwindigkeit:

durchschnittlich etwa 33,0 km/h,
Höchstgeschwindigkeit 90,0 km/h.

3.76. Las Vegas

Das Nahverkehrssystem - Bahn - wird in Las Vegas „Monorail" genannt.

Inbetriebnahme 1995

Der Streckenplan

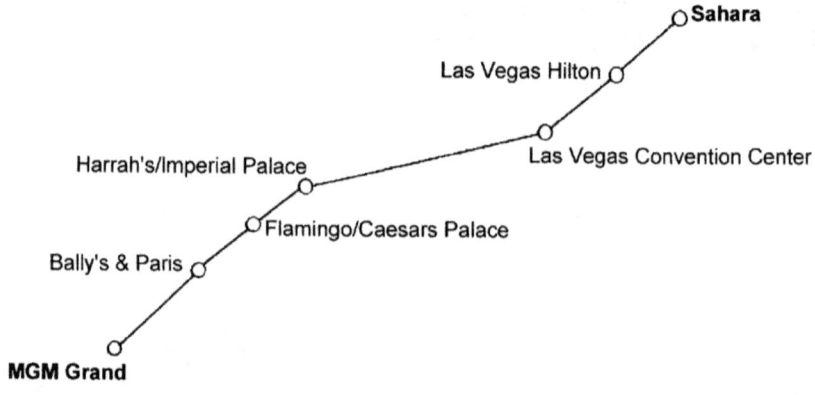

Bild 70 - Streckenplan der Monorail von Las Vegas

Strecke und Stationen

Die Monorail in Las Vegas fährt grundsätzlich als Hochbahn. Die Gleisanlage ist auf Stützen montiert.

Bahnsteige:

Mittelbahnsteige, 7,0 bis 10,0 m breit.

Bahnsteiglänge:

74 m.

Stationsentfernungen:

durchschnittlicher Haltestellenabstand etwa 1030 m.

Technische Angaben

Fahrbetrieb:

Die Züge fahren vollautomatisch ohne Fahrer. Von einer Dispatcherzentrale erfolgt die Zugüberwachung mit Hilfe industrieller Fernsehanlagen.

Fahrzeuge:

Der Zug besteht aus Segmenten (Sektionen). Am Zuganfang und -ende fährt ein Antriebssegment. Dazwischen befinden sich sieben antriebslose Sektionen. Die Abmaße der gesamten Einheit sind:

- 42,00 m lang,
- 2,64 m breit,
- 3,65 m hoch.

Das Fassungsvermögen der Zugeinheit liegt bei etwa 420 Fahrgästen. Die Segmentzüge haben Mittelgang und Seitensitze. Sie haben beidseitig in jeder Sektion eine Doppeltür für den Fahrgastbetrieb.

Fahrenergie:

Gleichstrom, Nennspannung 1500 Volt.

Fahrspur:

Einschienenbahn. Der 9-Segmente-Zug hat gummibereifte Räder. Sie werden auf einer Metallplatte geführt.

Fahrgeschwindigkeit:

durchschnittlich etwa 30,0 km/h,
Höchstgeschwindigkeit 70,0 km/h.

Bild 71 – Ein 9-Segmente-Zug der Monorail in Las Vegas

Bild 72 – Blick in das Führungs- bzw. Schlußsegment der Monorail

3.77. Lausanne

Das Nahverkehrssystem - Bahn - wird in Lausanne „Metro" genannt.

Inbetriebnahme 1877/1991

Der Streckenplan

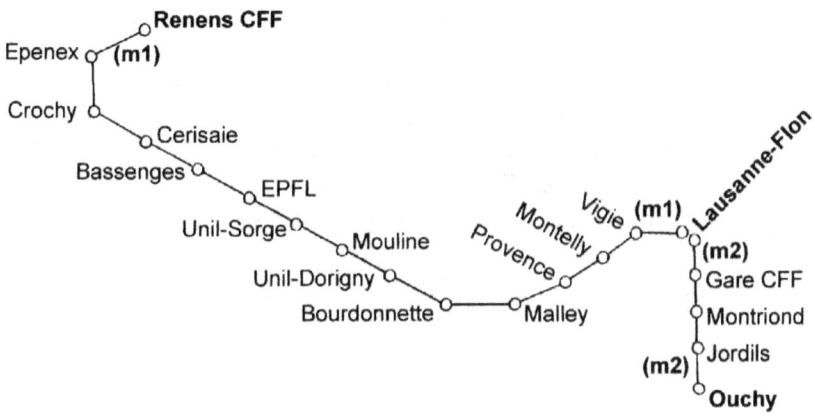

Legende: m1 - Metro-Ouest
m2 - Metro-Ouchy

Bild 73 - Streckenplan der Metro von Lausanne

Zwei verschiedene Metrosysteme werden verwendet. Die erste Strecke von Ouchy, am Lac Léman (auch als Genfer See bekannt), zum Eisenbahnbahnhof von Lausanne wurde bereits 1877 in Nutzung genommen.

Nach London (1863) und Istanbul (1876) war dies in Europa die dritte Untergrundbahn.

Diese Metro, jetzt als m2 bezeichnet, verkehrt auf einer Streckenlänge von etwa 1800 m. Es werden 5 Stationen angefahren. Die Bahn überwindet einen Höhenunterschied von mehr als 200 m mit einer Neigung von 12 bis 15 % als Zahnradbahn. Diese Bahn unterscheidet sich von allen anderen dadurch, daß die antriebslosen Wagen für Fahrgäste von einem Motortriebwagen, der nicht zur Aufnahme von Fahrgästen vorgesehen und geeignet ist, bewegt werden.

Im Jahre 1991 ist eine zweite Metrolinie in Betrieb gesetzt worden. Sie trägt die Bezeichnung m1. Ihre Streckenführung ist im ebenen Gelände ohne größere Höhenunterschiede angelegt. Von den 15 Haltepunkten befinden sich drei im Tunnel. Es sind die Stationen Lausanne-Flon, Vigie und Malley. Lausanne-Flon und Vigie liegen im Stadtkern. Nach der Station Vigie fährt die Bahn im Staßenniveau. Die Station Malley liegt unter Grund in einem Kreuzungsbereich des Straßenverkehrs. Danach ist die Streckenführung ebenerdig. Sie verläuft in Richtung Westen durch mehrere Streusiedlungen bis Renens-CFF.

Als Fahrzeuge werden zweiteilige Zweirichtungs-Gelenktriebwagen eingesetzt. Fahrgäste können im Mittelgang den gesamten Zug durchlaufen.

Die Stromzuführung zu den Fahrzeugen erfolgt über eine Oberleitung. Die Stromabnahme wird mittels Stromabnahmebügel realisiert. Die Bahnen selbst haben den Charakter einer Straßenbahn. Sie erfüllen dennoch alle Bedingungen einer Metro, Subway oder U-Bahn.

Der Fahrgastwechsel erfolgt über Einzel- und Doppeltüren.

Die Streckenführung ist überwiegend eingleisig. Einige Stationen wurden als Ausweichstellen konzipiert.

3.77.1. Lausanne I

Die Metro m1 (Metro-Ouest) fährt vom Zentrum, mit der Endstation Lausanne-Flon, in Richtung Westen bis Renens CFF.

Inbetriebnahme 1991

Strecke und Stationen

Die Streckenführung ist überwiegend oberirdisch ebenerdig.
Drei Stationen sind unter Grund.

Bahnsteige:

- überwiegend Seitenbahnsteige.
- teilweise Mittelbahnsteige.

Bahnsteiglänge:

ca. 60,00 m.

Stationsentfernungen:

Die durchschnittliche Stationsentfernung beträgt etwa 557 m.

Technische Angaben

Fahrbetrieb:

Überwiegend automatisch, mit Triebwagenführer.

Fahrzeuge:

zweiteilige Zweirichtungs-Gelenktriebwagen

- 28,00 m lang,
- 2,65 m breit,
- 3,36 m hoch.

Betriebsmäßig eingesetzte Züge bestehen aus einem zweiteiligen Zweirichtungs-Gelenktriebwagen. In jedem Gelenktriebwagen finden etwa 280 Fahrgäste Platz. Davon sind 70 Sitz- und 210 Stehplätze. Die Wagen haben Mittelgang, Einzel- und Doppelsitze. Im Gelenkteil zu beiden Seiten sind jeweils drei Längssitze angeordnet. Die Gelenktriebwagen haben beidseitig zwei Einfach- und vier Doppeltüren für den Fahrgastbetrieb.

Fahrenergie:

Gleichstrom, Fahrspannung 750 Volt.

Fahrspur:

1435 mm Spurweite.
Gleiskörper mit Stahlkranz befahrbar.

Fahrgeschwindigkeit:

durchschnittlich 26,5 km/h.
Höchstgeschwindigkeit 70,0 km/h.

Bild 74 – Zugeinheit, Linie m1

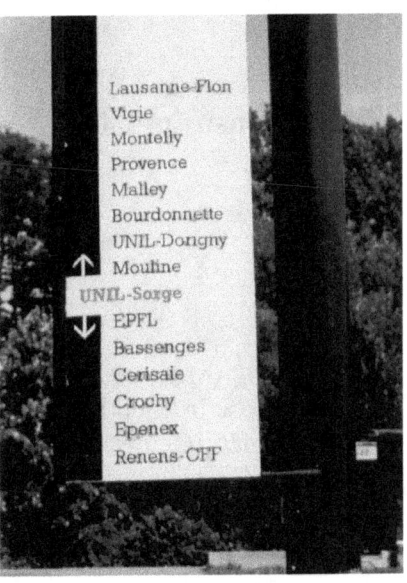
Bild 75 – Streckenplan, Linie m1

Bild 76 – Zugeinheit innen

Bild 77 – Seitensitze im Wagen

3.77.2. Lausanne II

Die Metro m2 (Metro-Ouchy) fährt vom Zentrum, mit der Endstation Lausanne-Flon, in Richtung Süden bis Ouchy. Von Ouchy in Höhe des Lac Léman (Genfer See) ist eine Steigung von 12 bis 15 % zu überwinden. Deshalb kommt eine Zahnradbahn zum Einsatz.

Inbetriebnahme 1877

Strecke und Stationen

- teilweise oberirdisch ebenerdig,
- teilweise im Tunnel.

Bahnsteige:

- Seitenbahnsteige.

Bahnsteiglänge:

ca. 60,00 m.

Stationsentfernungen:

Die durchschnittliche Stationsentfernung beträgt etwa 450 m.

Technische Angaben

Fahrbetrieb:

Überwiegend automatisch, mit Triebwagenführer.

Fahrzeuge:

Es gibt Motortriebwagen und antriebslose Wagen. Die Maße sind:

Motortriebwagen

- 3,80 m lang,
- 2,65 m breit,
- 3,36 m hoch.

Antriebslose Wagen

- 18,00 m lang,
- 2,65 m breit,
- 3,36 m hoch.

Betriebsmäßig eingesetzte Züge bestehen aus einem Motortriebwagen, in dem keine Fahrgäste befördert werden. Der Motortriebwagen fungiert als Schubelement, vor dem ein oder zwei fahrerlose Wagen gekuppelt und bewegt werden. In jedem fahrerlosen Wagen finden 200 Fahrgäste Platz. Davon sind 66 Sitz- und 134 Stehplätze.
Die Wagen haben Mittelgang, Einzel- und Doppelsitze. Die antriebslosen Wagen haben einseitig zwei Einfach- und zwei Doppeltüren für den Fahrgastbetrieb.

Fahrenergie:

Gleichstrom, Fahrspannung 750 Volt.

Fahrspur:

1435 mm Spurweite.
Gleiskörper mit Stahlkranz befahrbar.

Fahrgeschwindigkeit:

durchschnittlich 16,5 km/h.
Höchstgeschwindigkeit 30,0 km/h.

Bild 78 – Antriebsloser Wagen und Motortriebwagen

Bild 79 - Zahnstange mit Gleis   Bild 80 - Motortriebwagen

3.78. Leeds

Das Nahverkehrssystem - Bahn - wird in Leeds „MetroTrain" genannt.

Inbetriebnahme 1921

Der Streckenplan

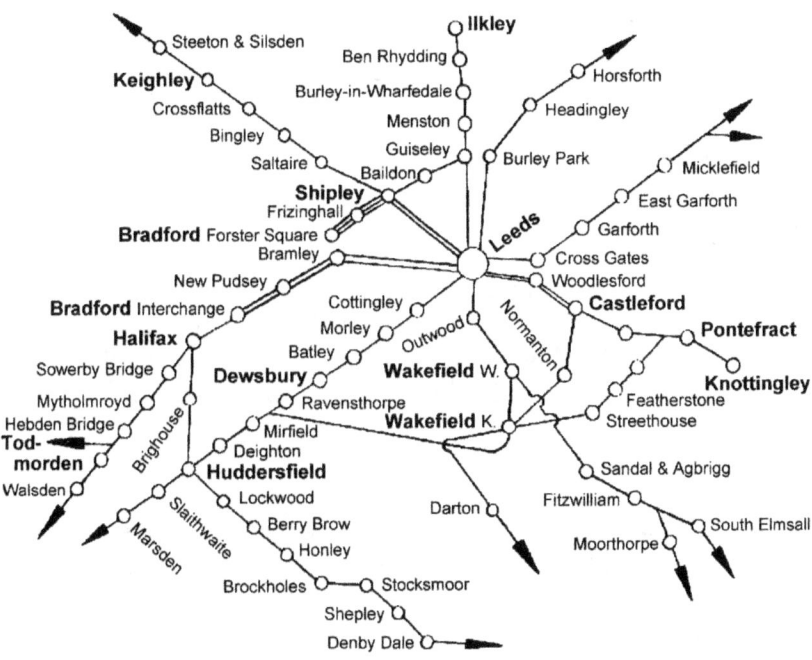

Bild 81 – Streckenplan der MetroTrain von Leeds

Strecke und Stationen

Die Metro in Leeds fährt grundsätzlich oberirdisch,
- überwiegend ebenerdig,
- teilweise im Einschnitt,
- teilweise auf Bahndämmen.

Bahnsteige:

- teilweise Mittelbahnsteige,
- teilweise Seitenbahnsteige.

Bahnsteiglänge:

etwa 150 bis 300 m.

Stationsentfernungen:

durchschnittlicher Haltestellenabstand etwa 1290 m.

Technische Angaben

Fahrbetrieb:

Von einer Dispatcherzentrale erfolgt die Zugüberwachung. Jeden Zug begleitet ein Triebwagenführer und ein Zugbegleiter. Der Zug wird nach Anweisung des Zugdispatchers, der die Anweisungen über Funksprechverkehr erteilt, vom Triebwagenführer gefahren.

Fahrzeuge:

Es gibt Triebwagen und antriebslose Beiwagen. Beiwagen verfügen über ein erhöhtes Platzangebot. Die Abmaße sind einheitlich:

- 20,50 m lang,
- 2,80 m breit,
- 3,65 m hoch.

Die betriebsmäßig eingesetzten Züge bestehen aus 3 Wagen. Davon sind zwei Triebwagen und ein antriebsloser Beiwagen.
Die Gesamtlänge des Zuges beträgt 61,50 m.
In jedem Triebwagen sind 59 und im Beiwagen sind 74 Sitzplätze.
Beide Wagentypen haben cirka 126 Stehplätze.
Eine Zugeinheit mit 3 Wagen ist für 570 Fahrgäste ausgelegt.
Die Wagen haben Mittelgang und zu jeder Seite Doppelsitze.
An jeder Wagenseite sind Trieb- und Beiwagen mit je zwei Doppeltüren für den Fahrgastbetrieb ausgestattet.

Fahrenergie:

Gleichstrom, Nennspannung 1500 Volt.

Fahrspur:

1435 mm Spurweite.
Gleiskörper mit Stahlkranz befahrbar.

Fahrgeschwindigkeit:

durchschnittlich etwa 33,0 km/h,
Höchstgeschwindigkeit 105,0 km/h.

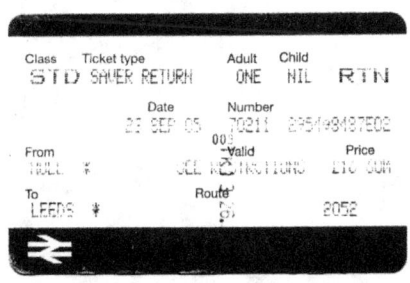
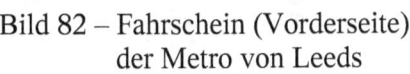

Bild 82 – Fahrschein (Vorderseite) der Metro von Leeds

Bild 83 – Fahrschein (Rückseite) der Metro von Leeds

Bild 84 – Eingang zur zentralen Leeds Station der Metro von Leeds

Bild 85 – Die Metro von Leeds in der zentralen Leeds Station

Bild 86 – Triebwagen der MetroTrain von Leeds in der Leeds Station

Bild 87 – Zwei Metrozüge mit Fahrtziel Knaresborough und Ilkley

3.79. Lille

Das Nahverkehrssystem - Bahn - wird in Lille Metro genannt. Die Metro verbindet Lille mit mehreren Städten und Ortschaften. So z.B. mit Roubaix, Croix, Wasquehal, Tourcoing u.a.m.. Stationen der Linie 2 wurden in aufwendiger Architektur gestaltet. Hochwertige Materialien in großzügiger Raumgestaltung verleihen den Haltepunkten phantastische Effekte.

Inbetriebnahme 1983

Der Streckenplan

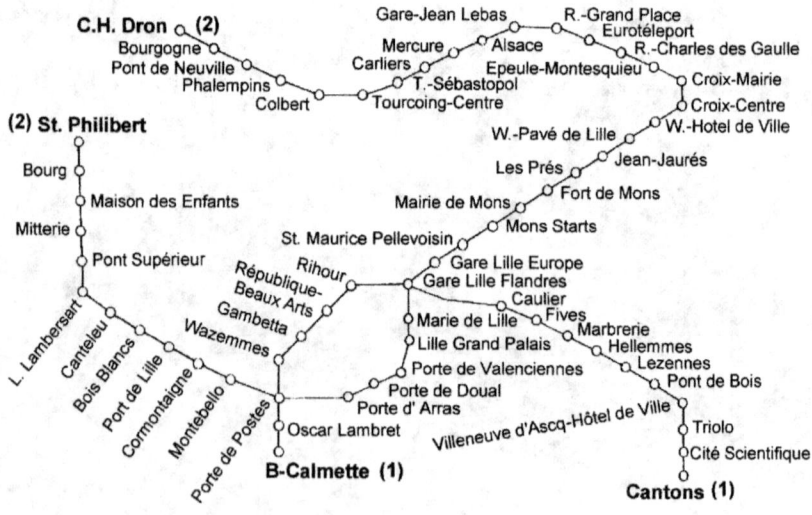

Bild 88 – Streckenplan der Metro von Lille

Strecke und Stationen

- teilweise als Tunnelbahn,
- teilweise als Hochbahn auf Viadukten.

Bahnsteige:

- überwiegend Seitenbahnsteige,
- teilweise Mittelbahnsteige.

Bahnsteiglänge:

52 m.

Stationsentfernungen:

Im Durchschnitt; Linie 1 etwa 794 m, Linie 2 etwa 762 m.

Technische Angaben

Fahrbetrieb:

vollautomatisch, fahrerlos.

Fahrzeuge:

Doppeltriebwagen. Die Abmessungen je Wagen betragen:

- 12,70 m lang,
- 2,13 m breit,
- 3,25 m hoch.

Der Betriebsablauf wird vollautomatisch in einer Betriebsleitstelle geregelt.
Betriebsmäßig eingesetzte Züge bestehen aus 2 Wagen. Sie werden als Doppeltriebwagen verwendet. Eine Zugeinheit hat eine Gesamtlänge von 25,40 m. Sie ist für 265 Fahrgäste ausgelegt. Davon sind 46 längs angeordnete Sitz- und 221 Stehplätze. Die Wagen haben Mittelgang. Jeder Wagen ist beidseitig mit zwei Doppeltüren für den Fahrgastbetrieb ausgestattet.

Fahrenergie:

Gleichstrom, Fahrspannung 750 Volt.

Fahrspur:

Spurweite 1400 bis 1800 mm.
Auf einer Betonfahrspur werden gummibereifte Tragräder geführt.
Horizontal angeordnete gummibereifte Räder sichern die Spurtreue.

Fahrgeschwindigkeit:

Reisegeschwindigkeit durchschnittlich 36,0 km/h.
Höchstgeschwindigkeit 60,0 km/h.

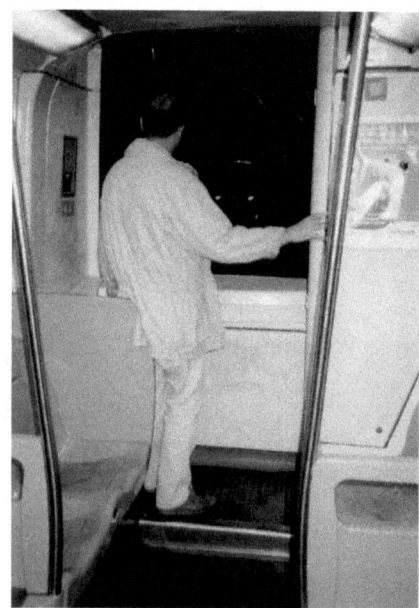 

Bild 89 – Blick in Fahrtrichtung aus den automatisch gesteuerten Doppeltriebwagen auf den Gegenzug

Bild 90 – Innenansicht eines Wagens des Zwei-Wagen-Zuges

Bild 91 – Künstlerische Wandge-   Bild 92 – Blick in den Zug durch
gestaltung im Bahnhof   die zuggesteuerten Türen

Bild 93 und 94 – Gestaltung des Bahnhofs Roubaix Grand Place

3.80. Lima

Das Nahverkehrssystem - Bahn - wird in Lima Metro genannt.

Inbetriebnahme 2003

Der Streckenplan

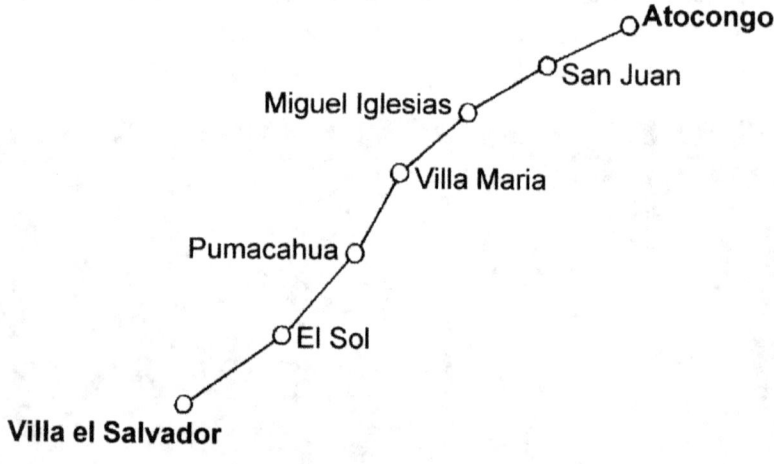

Bild 95 – Streckenplan der Metro von Lima

Strecke und Stationen

Die Streckenführung ist ebenerdig und unter Grund.

Bahnsteige:

- teilweise Seitenbahnsteige,
- teilweise Mittelbahnsteige.

Bahnsteiglänge:

ca. 160,00 m.

Stationsentfernungen:

Die durchschnittliche Stationsentfernung beträgt etwa 1633 m.

Technische Angaben

Fahrbetrieb:

Überwiegend automatisch, mit Triebwagenführer.

Fahrzeuge:

Es gibt Motortriebwagen. Die Maße sind:

- 17,85 m lang,
- 2,70 m breit,
- 3,36 m hoch.

Betriebsmäßig werden Züge mit sechs Wagen eingesetzt. Jeweils zwei Triebwagen sind zu einer Einheit verbunden. Drei Einheiten werden zu einem Zug gekuppelt. Etwa 1440 Fahrgäste finden in einem Zug platz. Die Wagen haben Mittelgang und Doppelsitze. Beidseitig sind vier Doppeltüren für den Fahrgastbetrieb angeordnet.

Fahrenergie:

Gleichstrom, Fahrspannung 1500 Volt.

Fahrspur:

1435 mm Spurweite.
Gleiskörper mit Stahlkranz befahrbar.

Fahrgeschwindigkeit:

durchschnittlich 26,5 km/h.
Höchstgeschwindigkeit 70,0 km/h.

Bild 96 – Signet
   der Metro von Lima

Bild 97 – Zug der Metro im oberirdischen Streckenabschnitt

3.81. Lissabon

Das Nahverkehrssystem - Bahn - wird in Lissabon Metro genannt.

Inbetriebnahme 1959

Der Streckenplan

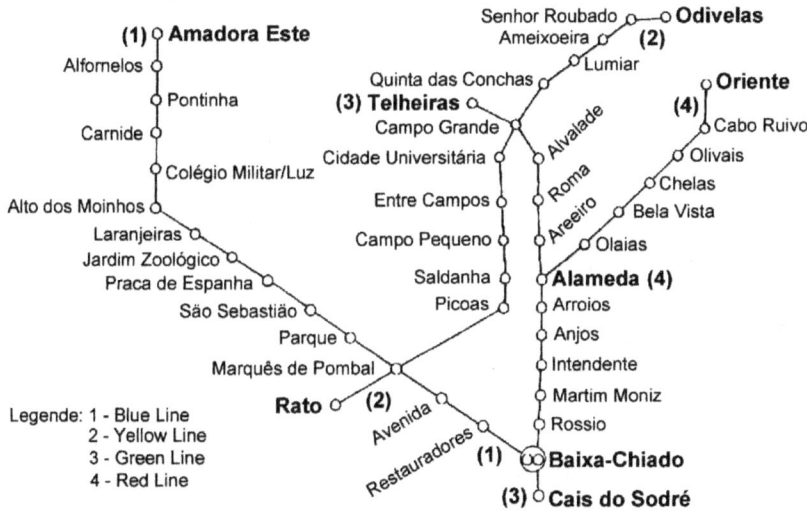

Bild 98 – Streckenplan der Metro von Lissabon

Strecke und Stationen

Die Streckenführung ist vollständig unter Grund.

Bahnsteige:

- überwiegend Seitenbahnsteige,
- teilweise Mittelbahnsteige.

Bahnsteiglänge:

70,00 und 105,00 m, je nach Streckenführung.

Stationsentfernungen:

Die durchschnittliche Stationsentfernung je nach Strecke beträgt auf der　　Linie 1 –　857 m,
　　　　Linie 2 –　917 m,
　　　　Linie 3 –　750 m,
　　　　Linie 4 – 1000 m.

Technische Angaben

Fahrbetrieb:

Überwiegend automatisch, mit Triebwagenführer.

Fahrzeuge:

Es gibt ausschließlich Motortriebwagen. Die Maße sind:

- 16,00 m lang,
- 2,70 m breit,
- 3,36 m hoch.

Betriebsmäßig werden Züge mit zwei, vier und sechs Wagen eingesetzt. Jeweils zwei Triebwagen sind zu einer Einheit verbunden. Somit besteht die kleinste Einheit aus einem und die größte aus drei Doppeltriebwagen.
Jeder Wagen verfügt über 40 Sitz- und 164 Stehplätze. Entsprechend der Zuglänge (32,0 bis 96,0 m) können 408 bis 1224 Fahrgäste in einem Zug Platz finden.
Die Wagen haben Mittelgang und Doppelsitze. Beidseitig sind drei Doppeltüren für den Fahrgastbetrieb angeordnet.

Fahrenergie:

Gleichstrom, Fahrspannung 750 Volt.

Fahrspur:

1435 mm Spurweite.
Gleiskörper mit Stahlkranz befahrbar.

Fahrgeschwindigkeit:

Je nach Strecke durchschnittlich zwischen 28,5 und 31,5 km/h.
Höchstgeschwindigkeit 100,0 km/h.

Bild 99 – oben
        Metrozug in der
        Station Campo Grande

Bild 100 – links
        Wageninneres

Bild 101 – Doppeltriebwagen eines Zwei-Wagen-Zuges in der Station Campo Grande

Bild 102 – Innengestaltung eines Metro-Wagens

3.82. Liverpool

Das Nahverkehrssystem - Bahn – ist in Liverpool im Jahre 1903 in Nutzung genommen worden. Gegenwärtig bestehen drei selbständige Bahn-Systeme, die miteinander verknüpft sind. Zwei der Bahnen werden unter dem Begriff „Merseyrail", die Dritte unter dem Namen „Metro-Train" geführt.

Die Linien der Merseyrail werden als
- „Wirral Line" und als
- „Nortern Line"
bezeichnet.
Die Metro-Train fährt auf der
- „City Line".

Während die Bahnen der Merseyrail Liverpool mit den Nachbarstädten, Ortschaften und Streusiedlungen verbinden, sind durch die Metro-Train die Großstädte Liverpool und Manchester miteinander verbunden.

Die Wirral Line fährt in Liverpool als Untergrundbahn. Hier wird sie als Ring- und Einrichtungsbahn geführt. Aus dem Ring heraus unterquert die Merseyrail den River Mersey und erreicht als Untergrundbahn die Nachbarstadt Birkenhead. Danach teilt sich das Netz der Wirral Line. Die Bahn fährt meist ebenerdig, teilweise als Hochbahn zu den Endpunkten in New Brighton, West Kirby, Chester und zum Ellesmere Port.

An den Stationen Moorfields und Central ist die Ringbahn der Wirral

Line mit der Nortern Line verknüpft. Hier fährt die Merseyrail der Nortern Line als Untergrundbahn. In Südrichtung gelangt sie zum Endpunkt Hunts Cross. In Nordrichtung teilt sich die Bahn, wird ebenerdig, teilweise als Hochbahn auf geschütteten Dämmen oder Viadukten geführt und erreicht auf drei Linienstrecken die Endpunkte Kiriby, Ormskirk und die Hafenstadt Southport.

Verknüpfung zur City Line besteht für die Metro-Train zur Merseyrail an der Ringbahn der Wirral Line in der Station Lime Street. Mit der Metro-Train sind u.a. die Städte Preston und Wigan zu erreichen. Von Liverpool aus fährt diese Bahn durch die Städte Widnes und Warrington nach Manchester.

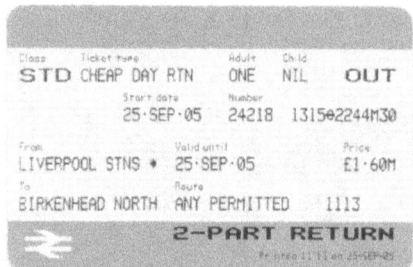 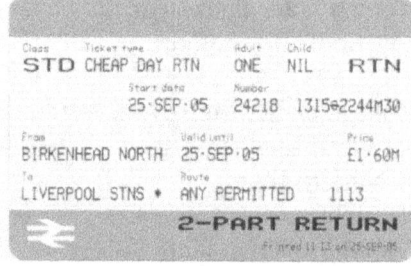

Bild 103 – Ticket der Merseyrail Hinfahrt Bild 104 – Ticket der Merseyrail Rückfahrt

Bild 105 – Zug der Merseyrail (Wirral Line) in der Station James Street

Bild 106 – Wageninneres der Merseyrail der Wirral Line

Bild 107 – Merseyrail-Station New Brighton auf der Wirral Line

Bild 108 – Merseyrail der Northern Line

Bild 109 – Merseyrail der Northern Line in der Station Central

3.82.1. Liverpool I

Das Nahverkehrssystem - Bahn – der Wirral Line wird in Liverpool „Merseyrail" genannt.

Inbetriebnahme 1903

Der Streckenplan

Bild 110 - Streckenplan der Merserail, der Wirral Line von Liverpool

Strecke und Stationen

- teilweise als Tunnelbahn,
- teilweise ebenerdig,
- teilweise im offenen Einschnitt,
- teilweise auf geschütteten Dämmen,
- teilweise als Hochbahn auf Viadukten.

Bahnsteige:

- überwiegend Seitenbahnsteige,
- teilweise Mittelbahnsteige.

Bahnsteiglänge:

Die Bahnsteige sind cirka 130,00 bis 150,00 m lang.

Stationsentfernungen:

etwa 750 m.

Technische Angaben

Fahrbetrieb:

Überwiegend automatisch, mit Triebwagenführer und Zugbegleiter.

Fahrzeuge:

Es gibt Triebwagen und antriebslose Beiwagen. Ihre Maße sind:

Triebwagen

- 20,18 m lang,
- 2,82 m breit.

Beiwagen

- 28,18 m lang,
- 2,82 m breit.

Betriebsmäßig eingesetzte Züge bestehen aus 3 Elementen.
Bei 3-Wagen-Zügen werden zwei baugleiche Kopfwagen (Triebwagen) als Führungs- und Schlußelement verwendet. Ein antriebsloser Beiwagen ergänzt als Zwischenelemente den Zug.
In jedem Triebwagen sind 59 und im Beiwagen 74 Sitz- und cirka 126 Stehplätze.
Eine Zugeinheit mit 3 Wagen hat eine Gesamtlänge von 61,54 m. Sie ist für 570 Fahrgäste ausgelegt.
Die Wagen haben Mittelgang und zu jeder Seite Doppelsitze.
An jeder Wagenseite sind Trieb- und Beiwagen mit je zwei Doppeltüren für den Fahrgastbetrieb ausgestattet.

Fahrenergie:

Gleichstrom, Fahrspannung 750 Volt.

Fahrspur:

Die Fahrspur beträgt 1435 mm. Es werden Stahlräder mit Stahlkranz verwendet.

Fahrgeschwindigkeit:

Reisegeschwindigkeit durchschnittlich 40,0 km/h.
Höchstgeschwindigkeit 80,0 km/h.

3.82.2. Liverpool II

Das Nahverkehrssystem - Bahn – der Northern Line wird in Liverpool „Merseyrail" genannt.

Inbetriebnahme 1903

Der Streckenplan

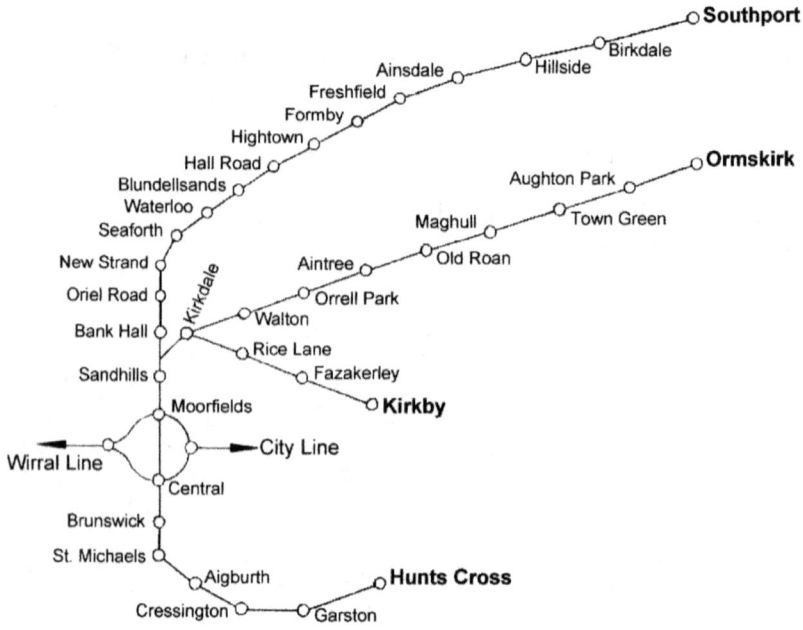

Bild 111 – Streckenplan der Merseyrail, der Northern Line von Liverpool

Strecke und Stationen

- teilweise als Tunnelbahn,
- teilweise ebenerdig,
- teilweise im offenen Einschnitt,
- teilweise auf geschütteten Dämmen,
- teilweise als Hochbahn auf Viadukten.

Bahnsteige:

überwiegend Seitenbahnsteige,
teilweise Mittelbahnsteige.

Bahnsteiglänge:

Die Bahnsteige sind cirka 130,00 bis 150,00 m lang.

Stationsentfernungen:

etwa 800 m.

Technische Angaben

Fahrbetrieb:

Überwiegend automatisch, mit Triebwagenführer und Zugbegleiter.

Fahrzeuge:

Es gibt Triebwagen und antriebslose Beiwagen. Ihre Maße sind:

Triebwagen

- 20,18 m lang,
- 2,82 m breit.

Beiwagen

- 28,18 m lang,
- 2,82 m breit.

Betriebsmäßig eingesetzte Züge bestehen aus 3 Elementen.
Bei 3-Wagen-Zügen werden zwei baugleiche Kopfwagen (Triebwagen) als Führungs- und Schlußelement verwendet. Ein antriebsloser Beiwagen ergänzt als Zwischenelemente den Zug.
In jedem Triebwagen sind 59 Sitzplätze. Im Beiwagen befinden sich 74 Sitzplätze. Beide Wagentypen verfügen über je 126 Stehplätze.
Jede Zugeinheit mit 3 Wagen hat eine Gesamtlänge von 61,54 m. Sie ist für 570 Fahrgäste ausgelegt.
Die Wagen haben Mittelgang und zu jeder Seite Doppelsitze.
An jeder Wagenseite sind Trieb- und Beiwagen mit je zwei Doppeltüren für den Fahrgastbetrieb ausgestattet.

Fahrenergie:

Gleichstrom, Fahrspannung 750 Volt.

Fahrspur:

Die Fahrspur beträgt 1435 mm. Es werden Stahlräder mit Stahlkranz verwendet.

Fahrgeschwindigkeit:

Reisegeschwindigkeit durchschnittlich 40,0 km/h.
Höchstgeschwindigkeit 80,0 km/h.

3.82.3. Liverpool III

Das Nahverkehrssystem - Bahn – der City Line wird in Liverpool „Metro-Train" genannt.

Inbetriebnahme 1903

Der Streckenplan

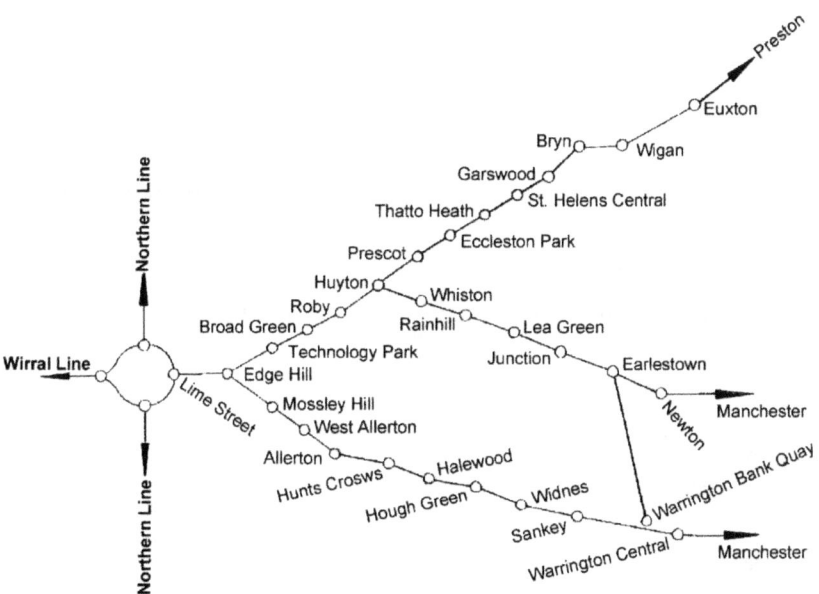

Bild 112 – Streckenplan der Metro-Train, der City Line von Liverpool

Strecke und Stationen

- teilweise ebenerdig,
- teilweise im offenen Einschnitt,
- teilweise auf geschütteten Dämmen.

Bahnsteige:

überwiegend Seitenbahnsteige,
teilweise Mittelbahnsteige.

Bahnsteiglänge:

Die Bahnsteige sind cirka 130,00 bis 150,00 m lang.

Stationsentfernungen:

etwa 1100 m.

Technische Angaben

Fahrbetrieb:

Überwiegend automatisch, mit Triebwagenführer und Zugbegleiter.

Fahrzeuge:

Es gibt Triebwagen und antriebslose Beiwagen. Ihre Maße sind:

Triebwagen

- 20,18 m lang,
- 2,82 m breit,
- 3,65 m hoch.

Beiwagen

- 28,18 m lang,
- 2,82 m breit,
- 3,65 m hoch.

Betriebsmäßig eingesetzte Züge bestehen aus 3 Elementen.
Bei 3-Wagen-Zügen werden zwei baugleiche Kopfwagen (Triebwagen) als Führungs- und Schlußelement verwendet. Ein antriebsloser Beiwagen ergänzt als Zwischenelemente den Zug.
In jedem Triebwagen sind 59 Sitzplätze. Im Beiwagen befinden sich 74 Sitzplätze. Beide Wagentypen verfügen über je 126 Stehplätze.
Jede Zugeinheit mit 3 Wagen hat eine Gesamtlänge von 61,54 m. Sie ist für 570 Fahrgäste ausgelegt.
Alle Wagen haben Mittelgang und zu jeder Seite Doppelsitze.
An jeder Wagenseite sind Trieb- und Beiwagen mit je zwei Doppeltüren für den Fahrgastbetrieb ausgestattet.

Fahrenergie:

Gleichstrom, Fahrspannung 750 Volt.

Fahrspur:

Die Fahrspur beträgt 1435 mm. Es werden Stahlräder mit Stahlkranz verwendet.

Fahrgeschwindigkeit:

Reisegeschwindigkeit durchschnittlich 40,0 km/h.
Höchstgeschwindigkeit 80,0 km/h.

3.83. London

Das Nahverkehrssystem - Bahn – ist in London im Jahre 1863 in Nutzung genommen worden. Es ist die älteste Untergrundbahn der Erde. Anfangs als Dampfbahn betrieben, wurde sie im Jahre 1890 elektrifiziert. Der systematische Ausbau des Liniennetzes hat bis heute keinen Abschluß gefunden. Mit der Ausdehnung der Stadt und der Zunahme ihrer Bevölkerung ist ein Ende der Netzerweiterung nicht abzusehen.

Aus dem Namen der ersten unterirdischen Dampfbahn, der Metropolitan Railway entstand die Bezeichnung „Metro". Die Londoner Metro erhielt erst später den Namen „Underground".

Der erste Streckenabschnitt aus dem Jahre 1863 über 6,5 km von Paddington nach Farrington ist noch heute Bestandteil des Streckennetzes und wird auf der Hammersmith & City Linie befahren. Seitdem sind mehr als 400 km mit 380 Stationen auf 12 Linien in Nutzung genommen worden.

Mit der Umgestaltung und dem Neubau gewerblicher und touristischer Magneten im alten Hafengebiet bestand die Notwendigkeit zum Bau eines attraktiven Nahverkehrssystems. Und so wurde ein zweites selbständiges Bahn-System, mit dem Charakter einer Metro, im Jahre 1987 in Betrieb genommen. Es erfährt seitdem einen zügigen Ausbau.

Die Bahn wird entsprechend dem Namen des Sanierungsgebietes 'Docklands' als „Docklands Light Railway (DLR)" bezeichnet. Sie fährt überwiegend als Hochbahn. Nur in der Station Bank wird sie unter Grund geführt.

In den Stationen Bank und Gateway gibt es Übergänge zur Underground. Auf beiden Systemen können die gleichen Fahrausweise genutzt werden.

Bild 113 – Zugang zur Underground mit Fahrkartenkontrollautomaten

Bild 114 – Zug der Underground in einem typischen Seitenbahnsteig

Bild 115 – Zwei-Wagen-Zug der Docklands Light Railway (DLR)

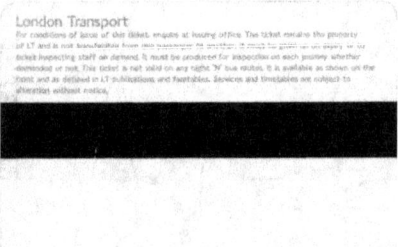

oben
Bild 116/117 – Tagesfahrkarte
der Underground
(Vorder- und Rückseite)

links
Bild 118 –
Eingang zur Underground –
Hyde Park Corner Station

unten
Bild 119 –
Blick in eine Station
der Underground

3.83.1. London I

Das Nahverkehrssystem – Bahn – wird in London „Underground" genannt. Im Volksmund wird sie auch „Tube" genannt.

Inbetriebnahme 1863

Der Streckenplan

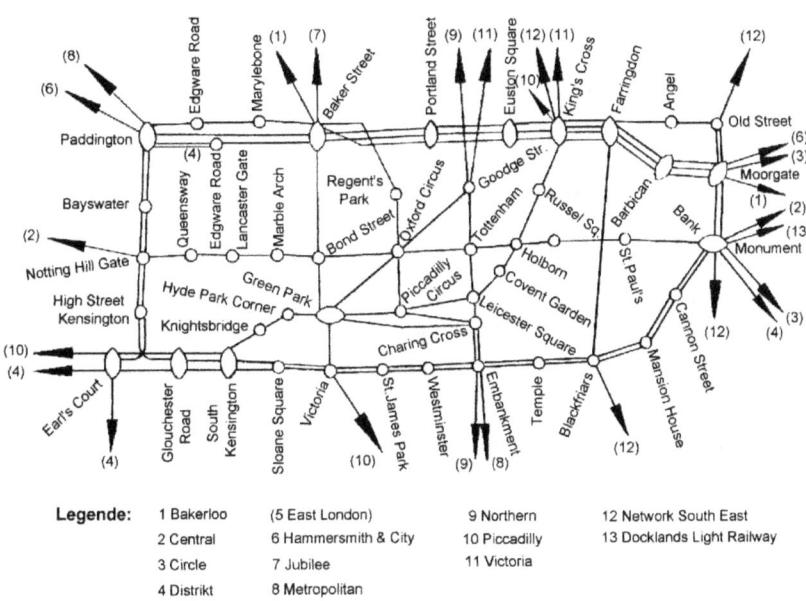

Legende: 1 Bakerloo   (5 East London)   9 Northern   12 Network South East
          2 Central   6 Hammersmith & City   10 Piccadilly   13 Docklands Light Railway
          3 Circle   7 Jubilee   11 Victoria
          4 Distrikt   8 Metropolitan

Bild 120 – Streckenplan der Underground von London im Stadtzentrum

Strecke und Stationen

- teilweise als Tunnelbahn,
- teilweise ebenerdig,
- teilweise im offenen Einschnitt,
- teilweise auf geschütteten Dämmen,
- teilweise als Hochbahn auf Viadukten.

Bahnsteige:

- überwiegend Seitenbahnsteige,
- teilweise Mittelbahnsteige.

Bahnsteiglänge:

Die Bahnsteige sind etwa 130,00 und 150,00 m lang.
Die größte Station ist Moorgate mit 10 Bahnsteigen.

Stationsentfernungen:

etwa 630 m.

Technische Angaben

Fahrbetrieb:

Überwiegend automatisch, mit Triebwagenführer und Zugbegleiter.

Fahrzeuge:

Es gibt Triebwagen und antriebslose Beiwagen. Je nach Streckenführung, in einfacher Tiefenlage oder auf Strecken der Röhrenbahn werden unterschiedliche Fahrzeuge eingesetzt. Ihre Maße sind:

Fahrzeuge in einfacher Tiefenlage

Triebwagen	Beiwagen
- 18,36 m lang,	- 18,10 m lang,
- 2,84 m breit,	- 2,82 m breit,
- 3,63 m hoch,	- 3,63 m hoch,
- 44 Sitzplätze,	- 48 Sitzplätze.
- 100 Stehplätze,	- 100 Stehplätze.

Fahrzeuge der Röhrenbahn

Triebwagen
- 16,08 m lang,
- 2,64 m breit,
- 2,90 m hoch,
- 40 Sitzplätze,
- 100 Stehplätze,

Beiwagen
- 15,98 m lang,
- 2,64 m breit,
- 2,90 m hoch,
- 36 Sitzplätze,
- 100 Stehplätze.

Unabhängig von der Streckenführung bestehen betriebsmäßig eingesetzte Züge aus 6 bzw. 8 Wagen. Diese Züge werden aus jeweils zwei Wagengruppen gebildet. Jede Wagengruppe besteht aus 3 oder 4 Wagen. D.h. 2 Triebwagen und ein oder zwei Beiwagen.
Eine Zugeinheit mit 6 Wagen hat eine Gesamtlänge von 96,28 bzw. 109,64 m. Sie ist für 832 bzw. 872 Fahrgäste ausgelegt.
Eine Zugeinheit mit 8 Wagen hat eine Gesamtlänge von 128,24 bzw. 145,84 m. Sie ist für 968 bzw. 1020 Fahrgäste ausgelegt.
Die Wagen haben Mittelgang und zu jeder Seite Sitzreihen mit seperierten Sitzen, die durch Armlehnen voneinander getrennt sind.
An jeder Wagenseite sind Trieb- und Beiwagen mit je zwei Doppeltüren für den Fahrgastbetrieb ausgestattet.

Fahrenergie:

Gleichstrom, Fahrspannung 600 Volt.

Fahrspur:

Die Fahrspur beträgt 1435 mm. Es werden Stahlräder mit Stahlkranz verwendet.

Fahrgeschwindigkeit:

Reisegeschwindigkeit durchschnittlich 33,0 km/h.
Höchstgeschwindigkeit 80,0 km/h.

3.83.2. London II

Ein weiteres Nahverkehrssystem – Bahn – wird in London „Docklands Light Railway (DLR)" genannt.

Inbetriebnahme 1987

Der Streckenplan

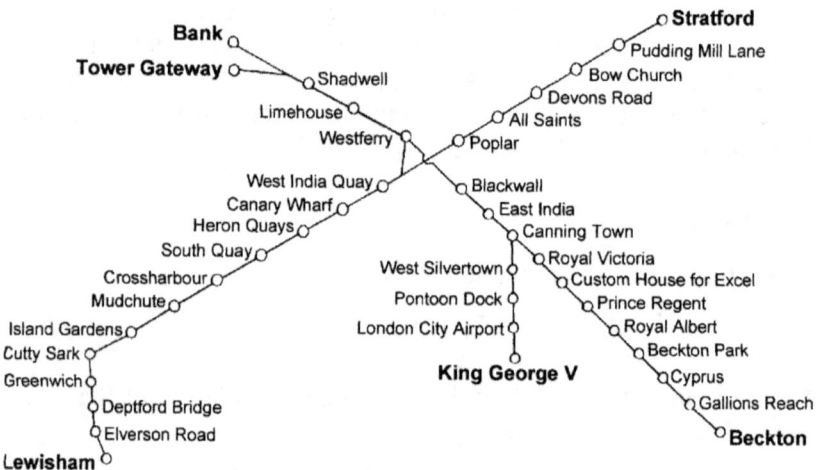

Bild 121 - Streckenplan der Docklands Light Railway von London

Strecke und Stationen

Die Gleisführung erfolgt überwiegend als Hochbahn. Nur in der Station Bank wird sie unter Grund geführt.

Bahnsteige:
- teilweise Mittelbahnsteige,
- überwiegend Seitenbahnsteige.

Bahnsteiglänge:
52,00 m.

Stationsentfernungen:
durchschnittlich etwa 500 bis 700 m.

Technische Angaben

Fahrbetrieb:
Überwiegend automatisch, mit Triebwagenführer.

Fahrzeuge:
Es gibt nur Triebwagen. Ihre Maße sind:
Triebwagen
- 12,00 m lang,   - 2,80 m breit.

Betriebsmäßig eingesetzte Züge bestehen aus 2 oder 4 Wagen. In jedem Triebwagen sind 30 Sitz- und 90 Stehplätze. Eine Zugeinheit hat eine Gesamtlänge von 24,00 bzw. 48,00 m. Mit ihr können 240 bis 480 Fahrgäste befördert werden. Die Wagen haben Mittelgang, zu jeder Seite Längssitze. An den Kopfseiten je 5 Sitze. Jeder Wagen ist mit je zwei Doppeltüren für den Fahrgastbetrieb ausgestattet.

Fahrenergie:
Gleichstrom, Fahrspannung 750 Volt.

Fahrspur:
Die Fahrspur beträgt 1435 mm für Stahlräder.

Fahrgeschwindigkeit:
Reisegeschwindigkeit durchschnittlich 35,0 km/h.
Höchstgeschwindigkeit 80,0 km/h.

3.84. Los Angeles

Das Nahverkehrssystem – Bahn – wird in Los Angeles „Metro" genannt.

Inbetriebnahme 1990

Der Streckenplan

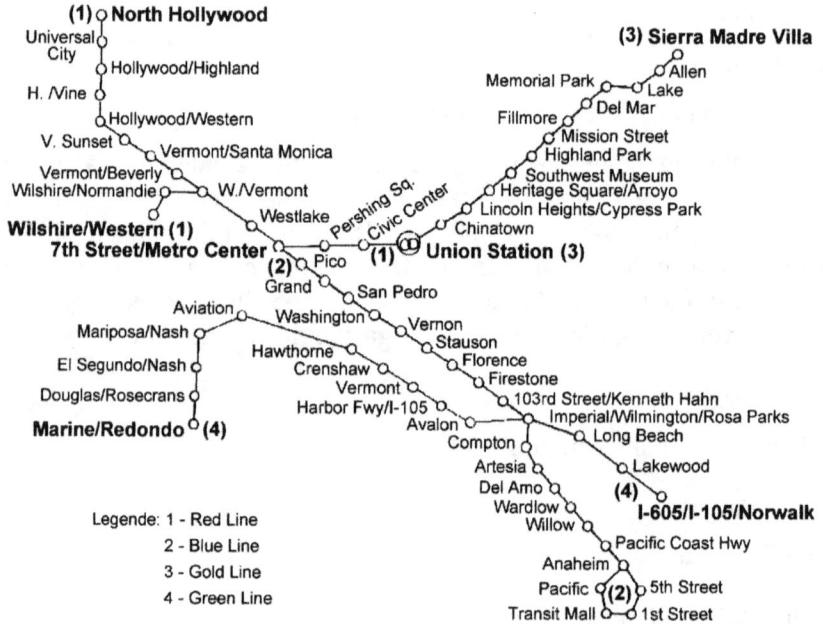

Bild 122 – Streckenplan der Metro von Los Angeles

Strecke und Stationen

- teilweise unter Grund,
- überwiegend ebenerdig,
- teilweise auf Viadukten als Hochbahn.

Bahnsteige:

- überwiegend Seitenbahnsteige,
- teilweise Mittelbahnsteige.

Bahnsteiglänge:

Die Bahnsteige sind cirka 60,00 bis 150,00 m lang.

Stationsentfernungen (durchschnittlich):

Linie 1 – Red Line etwa 1867 m,
Linie 2 – Blue Line etwa 1667 m,
Linie 3 – Gold Line etwa 5850 m,
Linie 4 – Green Line etwa 2286 m.

Technische Angaben

Fahrbetrieb:

Überwiegend automatisch, mit Triebwagenführer und Zugbegleiter.

Fahrzeuge:

Der Fahrzeugpark besteht nur aus Triebwagen und umfaßt Fahrzeuge verschiedener Baureihen und unterschiedlicher Fahrzeugtypen.
Grundsätzlich werden zwei Triebwagen zu einer Einheit verbunden.
Betriebsmäßig eingesetzte Züge bestehen aus 2, 4 oder 6 Wagen.
In jedem Triebwagen sind je nach Fahrzeugtyp 34 bis 74 Sitzplätze.
Dazu 50 bis 120 Stehplätze.
Die Wagen haben Mittelgang und zu jeder Seite Doppelsitze. Im Verbindungsteil beidseitig je 3 Längssitze.
An jeder Wagenseite sind je Fahrzeugtyp zwei bzw. drei Doppeltüren.

Fahrenergie:

Gleichstrom, Fahrspannung 750 Volt.

Fahrspur:

1435 mm. Es werden Stahlräder mit Stahlkranz verwendet.

Fahrgeschwindigkeit:

Reisegeschwindigkeit durchschnittlich 40,0 km/h.
Höchstgeschwindigkeit 80,0 km/h.

Bild 123 – 6-Wagen-Zug der Linie 2/4 im Straßenbereich

Bild 124 – Innengestaltung eines Doppeltriebwagens der Linie 2/4

Bild 125 – 4-Wagen-Zug im Mittelbahnsteig der Linie 3 (Gold Line)

Bild 126 – Innengestaltung eines Doppeltriebwagens der Linie 3

Bild 127 – 2-Wagen-Zug im Mittelbahnsteig der Linie 4 (Green Line)

Bild 128 – 4-Wagen-Zug im Mittelbahnsteig der Linie 4 (Green Line)

Bild 129 – 4-Wagen-Zug der Linie 1 (Red Line)

Bild 130 – Innengestaltung eines Wagens der Linie 1 (Red Line)

3.85. Ludwigshafen-Mannheim

Das Nahverkehrssystem - Bahn - wird in Ludwigshafen-Mannheim „Stadtbahn" genannt. Diese Bahn ist eine Straßenbahn, die teilweise im Stadtgebiet der in sich verbundenen Städte Ludwigshafen und Mannheim unter Grund geführt wird.

Inbetriebnahme 1969

Der Streckenplan

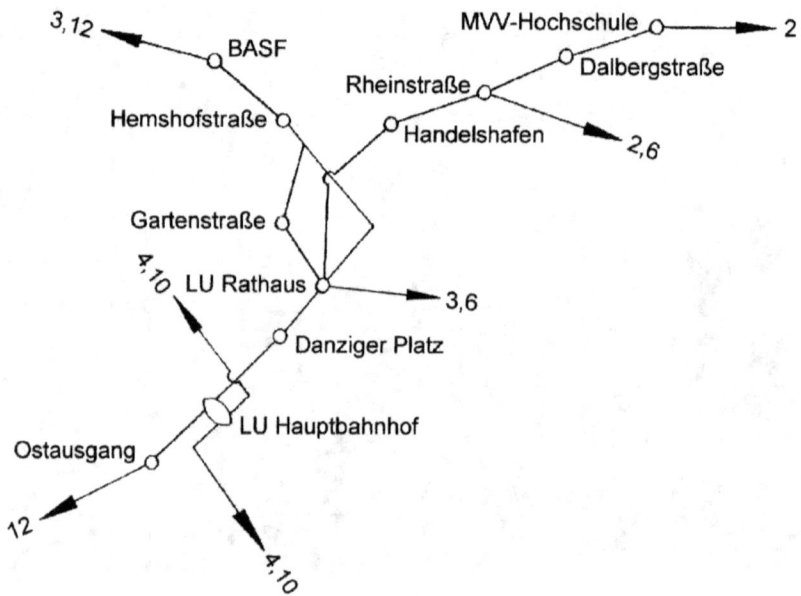

Bild 130 - Streckenplan der Stadtbahn von Ludwigshafen-Mannheim

Strecke und Stationen

Die Strecke verläuft überwiegend ebenerdig und teilweise im Tunnel.

Bahnsteige:
- Seitenbahnsteige.

Bahnsteiglänge:
etwa 60,00 m lang.

Stationsentfernungen:
etwa 500 – etwa 750 m.

Technische Angaben

Fahrbetrieb:

Überwiegend automatisch, mit Triebwagenführer.

Fahrzeuge:

Es gibt Triebwagen als 5-Glieder-Züge. Ihre Maße sind:
- 25,20 m lang,
- 2,65 m breit,
- 3,20 m hoch.

Betriebsmäßig werden 3-, 5- und 7-Glieder-Züge eingesetzt. Eine Zugeinheit aus 5 Gliedern hat eine Gesamtlänge von 25,20 m. Sie ist für etwa 190 Fahrgäste, davon 86 Sitzplätze ausgelegt.
Die Wagen haben Mittelgang und beidseitig Ein- und Doppelsitze.
An einer Wagenseite befinden sich vier Doppeltüren für den Fahrgastbetrieb. D.h. jedes Glied des Zuges ist mit einer Doppeltür versehen. Nur das Mittelteil verfügt über keine Türen.

Fahrenergie:

Gleichstrom, Fahrspannung 750 Volt.

Fahrspur:

Die Fahrspur beträgt 1000 mm. Mit Stahlräder befahrbar.

Fahrgeschwindigkeit:

Reisegeschwindigkeit durchschnittlich 26,0 km/h.
Höchstgeschwindigkeit 60,0 km/h.

Bild 131 – 5-Glieder-Zug in Mannheim Hauptbahnhof

Bild 132–5-Gliederzug im Verkehrsverbund Ludwigshafen-Mannheim

3.86. Lyon

Das Nahverkehrssystem - Bahn - wird in Lyon „Metro" genannt.

Inbetriebnahme 1978

Der Streckenplan

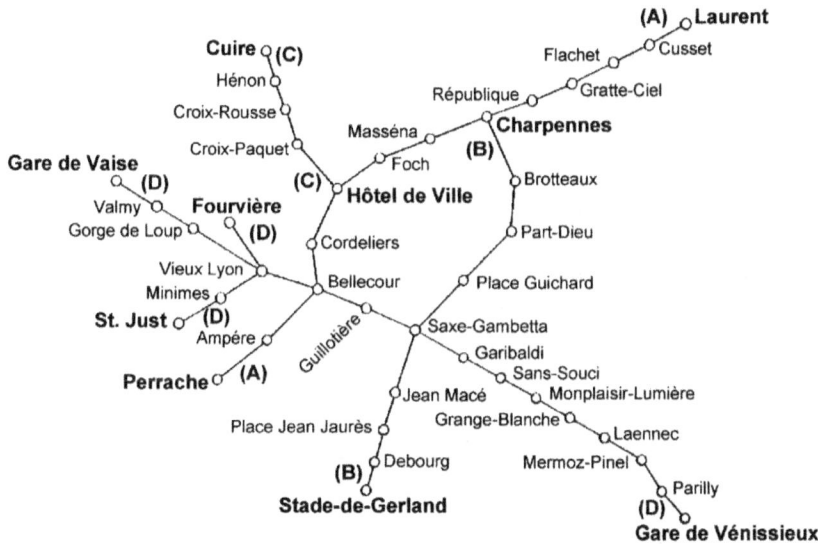

Bild 133 – Streckenplan der Metro von Lyon

Strecke und Stationen

Die gesamte Strecke verläuft im Tunnel.

Bahnsteige:

- überwiegend Seitenbahnsteige, 3,00 m bis 4,50 m breit,
- teilweise Mittelbahnsteige etwa 8,80 m breit.

Bahnsteiglänge:

70,00 bis 100,00 m lang.

Stationsentfernungen:

Linie A – etwa 675 m, Linie B – etwa 750 m,
Linie C – etwa 625 m, Linie D – etwa 833 m.

Technische Angaben

Fahrbetrieb:

Überwiegend automatisch, mit Triebwagenführer.
Ausnahme: Linie D vollautomatisch, fahrerlos.

Fahrzeuge:

Es gibt Triebwagen und Beiwagen. Ihre Maße sind:

Fahrzeuge der Linien A, B und D

- 18,00 m lang,
- 2,90 m breit,
- 3,20 m hoch.

Fahrzeuge der Linie C (Doppeltriebwagen)

- 36,60 m lang,
- 2,90 m breit,
- 3,20 m hoch.

Betriebsmäßig eingesetzte Züge auf den Linien A,B und D bestehen aus 3 bzw. 4 Wagen. Für Züge mit 3 Wagen wird zwischen 2 Triebwagen ein Beiwagen gekuppelt. Bei 4-Wagen-Zügen werden zwei baugleiche Kopfwagen (Triebwagen) als Führungs- und Schluß-

element verwendet. Zwei Beiwagen ergänzen als Zwischenelemente den Zug.
Eine Zugeinheit mit 3 Wagen hat eine Gesamtlänge von 54,00 m. Sie ist für 384 Fahrgäste, davon 160 Sitzplätze ausgelegt.
Die Zugeinheit mit 4 Wagen hat eine Gesamtlänge von 72,00 m. Ein 4-Wagen-Zug kann maximal 516 Fahrgäste befördern. Darin stehen 216 Sitzplätze zur Verfügung.
Die Wagen haben Mittelgang und zu jeder Seite Doppelsitze.
An jeder Wagenseite sind Trieb- und Beiwagen mit je drei Schwenkschiebetüren für den Fahrgastbetrieb ausgestattet.
Züge der Linie C bestehen aus 2 Wagen. Sie fahren als Doppeltriebwagen. Die Zuglänge beträgt 36,60 m. Ein Zug bietet 252 Fahrgästen Platz, davon 148 auf Sitzplätzen. Die Wagen haben Mittelgänge und zu jeder Seite Doppelsitze. Beidseitig verfügen sie über je drei Doppeltüren.
Die Besonderheit auf der Linie C besteht darin, daß die Doppeltriebwagen im Zahnrad- bzw. Adhäsionsbetrieb fahren können. Der Zahnradbetrieb ist zwischen den Stationen *Hôtel de Ville* und *Croix-Rousse* erforderlich, da hier eine Steigung von 17,0 % auf 936 m zu überwinden ist. Auf diesem Streckenabschnitt wird eine Geschwindigkeit von 21,0 km/h erreicht.

Fahrenergie:

Gleichstrom, Fahrspannung 750 Volt.

Fahrspur:

Die Fahrspur beträgt 2000 mm für luftbereifte Räder und 1435 mm für Stahlräder.
Der für den Einsatz der luftbereiften Fahrzeuge gestaltete Oberbau besteht aus Querschwellen, die in Schotterbettung verlegt sind. Die Stahlräder sichern die Spurtreue.

Fahrgeschwindigkeit:

Reisegeschwindigkeit durchschnittlich 33,0 km/h.
Höchstgeschwindigkeit 80,0 km/h.

Bild 134 – links
Vor dem Eingang zur Station Bellecour

Bild 135 – unten
Automatik-Zug in der Station Gare de Vaise

Bild 136 – Innengestaltung des Automatik-Zuges der Linie D

Bild 137 – Automatik-Zug im Bahnhof Labénnec

3.87. Madrid

Das Nahverkehrssystem - Bahn - wird in Madrid „Metro" genannt.

Inbetriebnahme 1919

Bild 138 – Signet der Metro von Madrid

Bild 139 – Viertüriger Doppeltriebwagen der Großprofillinie

Der Streckenplan [Bild 140 (Quelle Wikepedia)]

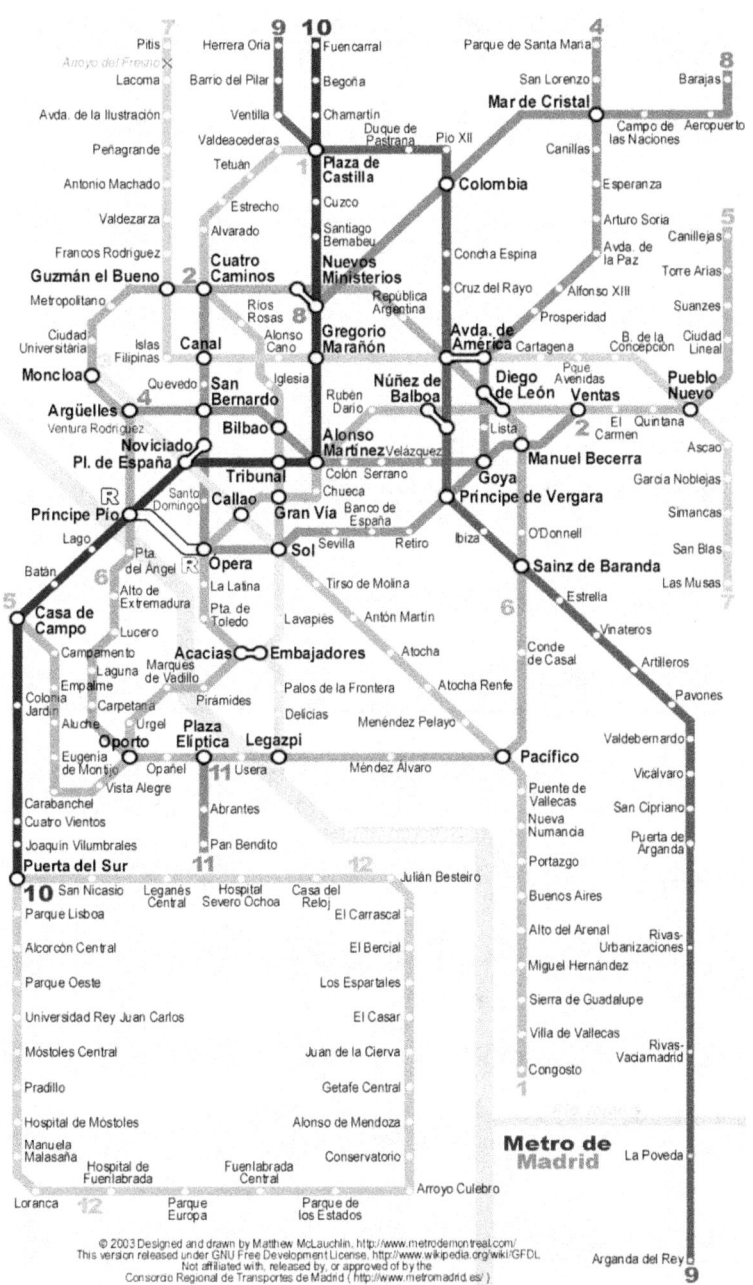

Strecke und Stationen

Es gibt Strecken für Bahnen im Kleinprofil und einige im Großprofil. Der Streckenverlauf ist
- überwiegend im Tunnel,
- teilweise im Einschnitt,
- teilweise ebenerdig.

Bahnsteige:

- überwiegend Seitenbahnsteige, 3,00 m bis 4,25 m breit,
- teilweise Mittelbahnsteige etwa 8,00 m breit.

Bahnsteiglänge:

Auf den Kleinprofillinien 60,00 und 90,00 m lang.
Auf den Großprofillinien 115,00 m lang.

Stationsentfernungen:

Im Durchschnitt etwa 950 m.

Technische Angaben

Fahrbetrieb:

Überwiegend automatisch, mit Triebwagenführer im Einmannbetrieb.

Fahrzeuge:

Der Fahrzeugpark besteht aus einer Vielzahl verschiedener Triebwagen. Entsprechend dem Unterschied im Profil, sind die wesentlichen Abmessungen der Fahrzeuge vereinheitlicht wie folgt:

Fahrzeuge der Kleinprofillinien	Fahrzeuge der Großprofillinien
- 14,36 m lang,	- 17,40 m lang,
- 2,30 m breit,	- 2,80 m breit,
- 3,20 m hoch,	- 3,20 m hoch.

Jeweils zwei Triebwagen werden als Doppeltriebwagen zu einer Einheit verbunden. Betriebsmäßig eingesetzte Züge bestehen aus 2 bis 3 Einheiten, also 4 bis 6 Wagen. Entsprechend den unterschiedlichen Abmessungen der Fahrzeuge auf den verschiedenen Profillinien und der unterschiedlichen Verknüpfungen haben die Zugeinheiten verschiedene Gesamtlängen und unterschiedliche Fassungsvermögen.
4-Wagen-Züge im Kleinprofil haben eine Gesamtlänge von 57,44 m. Sie sind für 520 Fahrgäste, davon mit 96 Sitzplätzen ausgestattet.
Die Zugeinheit im Kleinprofil mit 6 Wagen hat eine Gesamtlänge von 86,16 m. Ein solcher Zug kann maximal 780 Fahrgäste befördern. Darin stehen 144 Sitzplätze zur Verfügung.
Die Wagen haben Mittelgang und zu jeder Seite Längssitze. An jeder Wagenseite befinden sich drei Doppeltüren für den Fahrgastwechsel.
4-Wagen-Züge im Großprofil haben eine Gesamtlänge von 69,60 m. Diese Züge sind für 880 Fahrgäste, davon mit 160 Sitzplätzen ausgelegt. Eine Zugeinheit im Großprofil mit 6 Wagen hat eine Gesamtlänge von 114,40 m. Ein solcher Zug kann maximal 1320 Fahrgäste befördern. Darin stehen 240 Sitzplätze zur Verfügung.
Wagen im Großprofil haben Mittelgang und zu jeder Seite Doppelsitze. Beidseitig verfügen sie über je vier Doppeltüren.

Fahrenergie:

Gleichstrom, Fahrspannung 600 Volt.

Fahrspur:

Die Fahrspur ist 1445 mm breit. Stahlräder sichern die Spurtreue.
Im Streckenbereich besteht der Oberbau aus Holzschwellen, die in Schotterbettung verlegt sind. In den Stationen sind Betonschwellen im Unterbau eingelassen.

Fahrgeschwindigkeit:

Im Kleinprofil durchschnittlich etwa 22,0 km/h.
Im Großprofil durchschnittlich etwa 29,5 km/h.
Höchstgeschwindigkeit 80,0 km/h.

3.88. Mailand

Das Nahverkehrssystem - Bahn - wird in Mailand „Metropolitana" genannt.

Inbetriebnahme 1964

Der Streckenplan

Bild 141 - Streckenplan der Metropolitana von Mailand

Strecke und Stationen

Der Streckenverlauf ist überwiegend im Tunnel, aber auch teilweise als Hochbahn.

Bahnsteige:

- ausschließlich Seitenbahnsteige.

Bahnsteiglänge:

Alle Bahnsteige sind einheitlich 106 m lang.

Stationsentfernungen:

Im Durchschnitt etwa 950 m.

Technische Angaben

Fahrbetrieb:

Überwiegend automatisch, mit Triebwagenführer.

Fahrzeuge:

Der Fahrzeugpark besteht aus Trieb- und Beiwagen. Ihre Maße sind:

- 17,56 m lang,
- 2,85 m breit,
- 3,50 m hoch.

Betriebsmäßig werden 3- und 4-Wagen-Züge eingesetzt. 3-Wagen-Züge (Linien 2,3) haben eine Gesamtlänge von 52,68 m. Sie sind für 690 Fahrgäste, davon mit 88 Sitzplätzen ausgestattet. 4-Wagen-Züge (Linien 1,2,3) haben eine Gesamtlänge von 70,24 m. Sie sind auf der Linie 1 für 920 Fahrgäste, davon mit 168 Sitzplätzen ausgestattet. Das Fassungsvermögen auf den Linien 2 und 3 ist für 800 Fahrgäste, davon mit 120 Sitzplätzen ausgelegt. Die Wagen haben Mittelgang und zu jeder Seite Längssitze (Linien 2 und 3). Wagen der Linie 1 haben Mittelgang und zu jeder Seite Doppelsitze. An jeder Wagenseite befinden sich vier Doppeltüren für den Fahrgastwechsel.

Fahrenergie:

Linie 1: Gleichstrom, Fahrspannung 750 Volt.
Linien 2 und 3: Gleichstrom, Fahrspannung 1500 Volt.

Fahrspur:

Die Fahrspur ist 1435 mm breit, für Stahlräder mit Stahlkranz.

Fahrgeschwindigkeit:

Reisegeschwindigkeit durchschnittlich etwa 30,0 bis 35,0 km/h. Höchstgeschwindigkeit 85,0 km/h.

Bild 142 – 4-Wagen-Zug der Linie 1 der Metropolitana von Mailand

Bild 143 – Zug der Linie 1 Bild 144 – Zug der Linien 2,3

3.89. Manchester

Das Nahverkehrssystem - Bahn – ist in Manchester im Jahre 1903 in Nutzung genommen worden. Gegenwärtig bestehen zwei selbständige Bahn-Systeme. Eine der Bahnen wird unter dem Begriff „Metrolink", die andere unter dem Namen „Metro-Train" geführt.

Während die Bahnen der Metrolink Manchester mit den Nachbarstädten, Ortschaften und Streusiedlungen verbinden, sind durch die Metro-Train die Großstädte Liverpool und Manchester miteinander verbunden. Fahrgastwechsel zwischen Metro-Train und Metrolink ist im Bahnhof Manchester Victoria zum Bahnhof Piccadilly möglich.

Die Metrolink nimmt im Zentrum von Manchester am öffentlichen Straßenverkehr teil und endet hier im Bahnhof Piccadilly. Dieser ist der einzige Untergrundbahnhof im Netz.

Die Streckenführung der Metrolink verläuft meist ebenerdig, nur teilweise als Hochbahn auf Viadukten in Stahlkonstruktion. An mehreren Stellen sind kurze Streckenabschnitte jeweils zwischen zwei Bahnhöfen im Tunnel geführt. Auf Schildern vor den Tunneln ist die Tunnellänge angegeben.

Die Fahrzeuge der Metrolink sind im Prinzip mit der Konstruktion von Straßenbahnen vergleichbar.

Die Metro-Train befährt ein weit verzweigtes Streckennetz. Sie verbindet Manchester mit einer Vielzahl von Städten. Von Manchester aus fährt diese Bahn u.a. durch die Städte Warrington und Earlestown nach Liverpool.

Bild 145 und 146 – Fahrschein der Metrolink (Vorder- und Rückseite)

Bild 147 – Einfahrt eines Zuges in den 140 m langen Whitefieldtunnel

Bild 148 – Zug in der Station Piccadilly

Bild 149 – Innenansicht eines Zuges der Metrolink in Manchester

Bild 150 – Blick aus dem Führerstand der Metrolink in Manchester

Bild 151 – Zwei-Wagen-Zug der Metro-Train in Manchester Victoria mit Fahrziel Liverpool

Bild 152 – Ankunft des Metro-Train im Bahnhof Manchester Victoria

3.89.1. Manchester I

Eine Bahn des Nahverkehrssystems wird in Manchester „Metrolink" genannt. Diese Bahn ist von der Charakteristik mit einer Straßenbahn zu vergleichen.

Inbetriebnahme 1989

Der Streckenplan

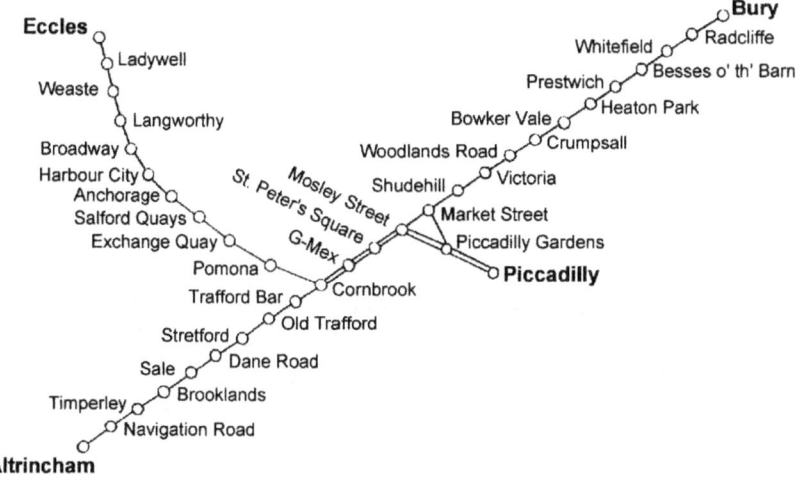

Bild 153 – Streckenplan der Metrolink von Manchester

Strecke und Stationen

Die Streckenführung ist überwiegend oberirdisch ebenerdig. Nur der Bahnhof Piccadilly und drei Streckenabschnitte zwischen Bahnhöfen befinden sich in Tunnelabschnitten.

Bahnsteige:

Die Bahnsteige sind Seitenbahnsteige.

Bahnsteiglänge:

ca. 60 m.

Stationsentfernungen:

Die durchschnittliche Stationsentfernung beträgt etwa 980 m.

Technische Angaben

Fahrbetrieb:

Überwiegend automatisch, mit Triebwagenführer.

Fahrzeuge:

zweiteilige Zweirichtungs-Gelenktriebwagen

- 28,00 m lang,
- 2,65 m breit,
- 3,36 m hoch.

Betriebsmäßig eingesetzte Züge fahren als zweiteilige Zweirichtungs-Gelenktriebwagen. In jedem Gelenktriebwagen finden 282 Fahrgäste Platz. Davon auf 96 Sitz- und 186 Stehplätzen.
Die Wagen haben Mittelgang, Einzel- und Doppelsitze. Sie haben beidseitig vier Doppeltüren für den Fahrgastwechsel.

Fahrenergie:

Gleichstrom, Fahrspannung 750 Volt.

Fahrspur:

1435 mm Spurweite.
Gleiskörper mit Stahlkranz befahrbar.

Fahrgeschwindigkeit:

Reisegeschwindigkeit durchschnittlich 27,5 km/h.
Höchstgeschwindigkeit 70,0 km/h.

3.89.2. Manchester II

Das Nahverkehrssystem - Bahn - des Städteverbundes aus Manchester wird „Metro-Train" genannt.

Inbetriebnahme 1903

Der Streckenplan

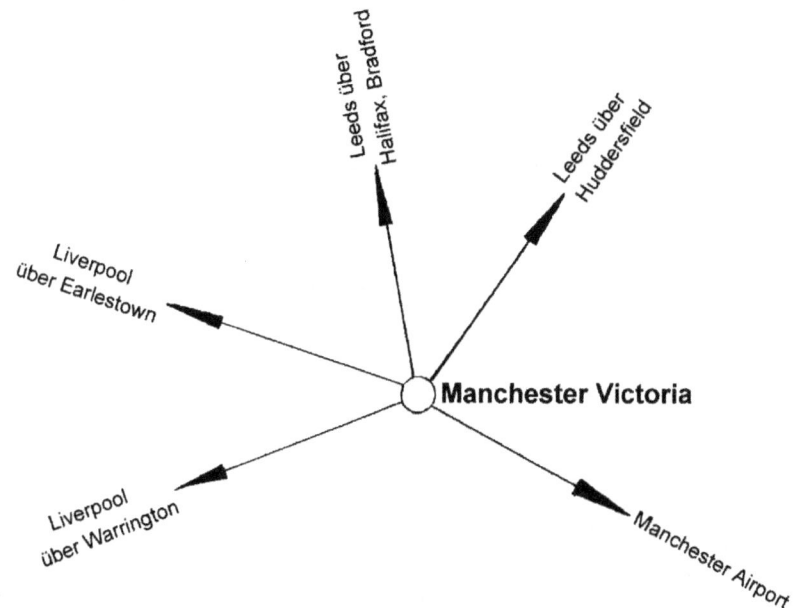

Bild 154 – Streckenplan der Metro-Train von Manchester

Strecke und Stationen

- teilweise ebenerdig,
- teilweise im offenen Einschnitt,
- teilweise auf geschütteten Dämmen.

Bahnsteige:

- überwiegend Seitenbahnsteige,
- teilweise Mittelbahnsteige.

Bahnsteiglänge:

Die Bahnsteige sind etwa 130,00 bis 150,00 m lang.

Stationsentfernungen:

etwa 2100 m.

Technische Angaben

Fahrbetrieb:

Überwiegend automatisch, mit Triebwagenführer.

Fahrzeuge:

Es gibt Triebwagen und antriebslose Beiwagen. Ihre Maße sind:

Triebwagen	Beiwagen
- 20,18 m lang,	- 28,18 m lang,
- 2,82 m breit,	- 2,82 m breit,
- 3,65 m hoch,	- 3,65 m hoch.

Betriebsmäßig eingesetzte Züge bestehen aus 3 Elementen.
Bei 3-Wagen-Zügen werden zwei baugleiche Kopfwagen (Triebwagen) als Führungs- und Schlußelement verwendet. Ein antriebsloser Beiwagen ergänzt als Zwischenelemente den Zug.

Außerhalb der Berufsverkehrszeiten werden mitunter 2 Triebwagen als 2-Wagen-Züge eingesetzt. (vergl. Bild 153)
In jedem Triebwagen sind 59 Sitzplätze. Im Beiwagen befinden sich 74 Sitzplätze. Beide Wagentypen verfügen über je 126 Stehplätze. Jede Zugeinheit mit 3 Wagen hat eine Gesamtlänge von 61,54 m. Sie ist für 570 Fahrgäste ausgelegt.
Die Wagen haben Mittelgang und zu jeder Seite Doppelsitze.

Fahrenergie:

Gleichstrom, Fahrspannung 750 Volt.

Fahrspur:

Die Fahrspur beträgt 1435 mm. Es werden Stahlräder mit Stahlkranz verwendet.

Fahrgeschwindigkeit:

Reisegeschwindigkeit durchschnittlich 40,0 km/h.
Höchstgeschwindigkeit 80,0 km/h.

3.90. Manila

Das Nahverkehrssystem - Bahn – ist in Manila im Jahre 1984 in Nutzung genommen worden. Gegenwärtig bestehen drei selbständige Bahn-Systeme. Die Linie 1 (LRT 1) wird als Metrorail bezeichnet. Die Linie 2 (MRT 2) heißt Megatrain. Unter dem Namen Metrostar wird die Linie 3 (MRT 3) geführt.

Die auf den Linien 1 und 3 verwendeten Bahnen sind modifizierte Straßenbahnen. Fahrzeuge vom gleichen Hersteller aus Tschechien werden unter ähnlichen Bedingungen auch in Krivoy Rog (Ukraine) eingesetzt. Auf der Linie 2 kommen andere Fahrzeuge zum Einsatz.

Hauptsächlich ist die Streckenführung aller Bahnen auf Viadukten. Diese wurden aus Beton errichtet.

Nur die Bahnhöfe Katipunan (Linie 2) und Buendia (Linie 3) sind Untergrundbahnhöfe.

Fahrgastwechsel zu den Metro-Bahnen einer anderen Linie ist an drei Punkten möglich. Zwischen der Linie 1 und der Linie 2 in den Haltepunkten Doroteo José/Recto. Zwischen der Linie 1 und der Linie 3 in den Haltepunkten EDSA/Pasay (Taft). Im Bahnhof Cubao kreuzen sich die Linien 2 und 3.

Das Metronetz befindet sich im Aufbau. Die vorhandenen Linien 1 und 3 werden verlängert. Weitere Streckenführungen befinden sich in der Planung.

Bild 155 – Linie 1, Zugeinfahrt in den Seitenbahnsteig von Pedro Gil

Bild 156 – Triebwagen eines Zuges der Linie 2 (MRT 2)

Bild 157 – Züge der Linie 3 Metrostar (MRT 3) im Hochbahnbereich

Der Streckenplan

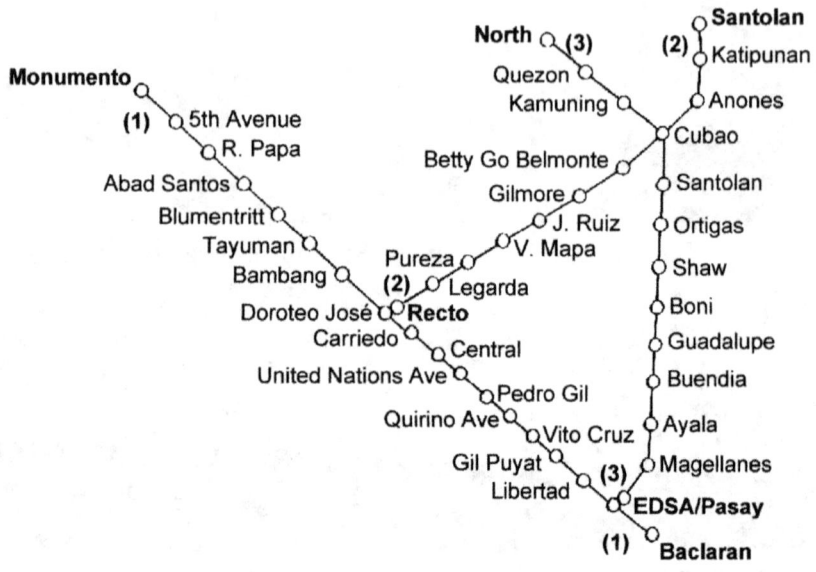

Bild 158 – Streckenplan der Metro von Manila

3.90.1. Manila I

Das Nahverkehrssystem - Bahn – der Linie 1 (MRT 2) wird in Manila als „Metrorail" bezeichnet.

Inbetriebnahme 1984

Strecke und Stationen

Die Streckenführung verläuft auf Viadukten aus Beton als Hochbahn.

Bahnsteige:

- überwiegend Seitenbahnsteige,
- teilweise Mittelbahnsteige.

Bahnsteiglänge:

etwa 90,00 m lang.

Stationsentfernungen:

Im Durchschnitt etwa 825 m.

Technische Angaben

Fahrbetrieb:

Überwiegend automatisch, mit Triebwagenführer.

Fahrzeuge:

Der Fahrzeugpark besteht aus 3-gliedrigen Triebwagen. Ihre Maße sind:

- 29,30 m lang,
- 2,50 m breit.

Betriebsmäßig eingesetzte Züge bestehen aus 1 bis 2 Triebwagen. Die Zugeinheiten haben verschiedene Gesamtlängen und Fassungsvermögen. Ein 3-gliedriger Triebwagen hat eine Länge von 29,30 m. Sein Fassungsvermögen ist für 290 Fahrgäste ausgelegt. Ein Zug, bestehend aus zwei 3-gliedrigen Triebwagen, ist 58,60 m lang. Er ist bietet 580 Fahrgästen Platz.
Die Wagen haben Mittelgang, Einzel- und Doppelsitze. Sie haben einseitig fünf Doppeltüren für den Fahrgastbetrieb.

Fahrenergie:

Gleichstrom, Fahrspannung 750 Volt.

Fahrspur:

1435 mm Spurweite.
Gleiskörper mit Stahlkranz befahrbar.

Fahrgeschwindigkeit:

Durchschnittlich etwa 25,0 km/h.
Höchstgeschwindigkeit 80,0 km/h.

3.90.2. Manila II

Das Nahverkehrssystem - Bahn – der Linie 2 (MRT 2) wird in Manila als „Megatrain" bezeichnet.

Inbetriebnahme 2003

Strecke und Stationen

Die Streckenführung verläuft auf Viadukten aus Beton als Hochbahn. Ausnahme: Die Station Katipunan befindet sich unter Grund.

Bahnsteige:

- überwiegend Seitenbahnsteige,
- teilweise Mittelbahnsteige.

Bahnsteiglänge:

etwa 90,00 m lang.

Stationsentfernungen:

Im Durchschnitt etwa 1380 m.

Technische Angaben

Fahrbetrieb:

Überwiegend automatisch, mit Triebwagenführer.

Fahrzeuge:

Der Fahrzeugpark besteht aus Triebwagen. Die Maße sind:
- 21,30 m lang,
- 2,50 m breit.

Betriebsmäßig eingesetzte Züge bestehen aus 1 bis 2 Doppeltriebwagen. Die Zugeinheiten haben verschiedene Gesamtlängen und Fassungsvermögen. Ein Doppeltriebwagen hat eine Länge von 42,60 m. Ein solcher Zug ist für etwa 420 Fahrgäste ausgelegt. Der Zug mit 2 Doppeltriebwagen ist 85,20 m lang. Er kann insgesamt 840 Fahrgäste aufnehmen.
Die Wagen haben Mittelgang und Sitzbänke parallel zur Fahrtrichtung. Sie haben beidseitig vier Doppeltüren für den Fahrgastbetrieb.

Fahrenergie:

Gleichstrom, Fahrspannung 750 Volt.

Fahrspur:

1435 mm Spurweite.
Gleiskörper mit Stahlkranz befahrbar.

Fahrgeschwindigkeit:

Durchschnittlich etwa 25,0 km/h.
Höchstgeschwindigkeit 80,0 km/h.

3.90.3. Manila III

Das Nahverkehrssystem - Bahn – der Linie 3 (MRT 3) wird in Manila als „Metrostar" bezeichnet.

Inbetriebnahme 1999

Strecke und Stationen

Die Streckenführung verläuft auf Viadukten aus Beton als Hochbahn. Ausnahme: Die Station Buendia befindet sich unter Grund.

Bahnsteige:

- überwiegend Seitenbahnsteige,
- teilweise Mittelbahnsteige.

Bahnsteiglänge:

etwa 120,00 m lang.

Stationsentfernungen:

Im Durchschnitt etwa 1400 m.

Technische Angaben

Fahrbetrieb:

Überwiegend automatisch, mit Triebwagenführer.

Fahrzeuge:

Der Fahrzeugpark besteht aus 3-gliedrigen Triebwagen.

Ihre Maße sind:

- 29,30 m lang,
- 2,50 m breit.

Betriebsmäßig eingesetzte Züge bestehen aus 1 bis 3 Triebwagen. Die Zugeinheiten haben verschiedene Gesamtlängen und unterschiedliche Fassungsvermögen. Ein 3-gliedriger Triebwagen hat eine Länge von 29,30 m. Sein Fassungsvermögen ist für 290 Fahrgäste ausgelegt. Ein Zug, bestehend aus zwei 3-gliedrigen Triebwagen ist 58,60 m lang. Er bietet 580 Fahrgästen Platz.
Am häufigsten eingesetzte Züge haben drei 3-gliedrige Triebwagen. Ein solcher Zug kann bis zu 870 Fahrgäste zugleich befördern.
Die Wagen haben Mittelgang, Einzel- und Doppelsitze. Sie haben einseitig fünf Doppeltüren für den Fahrgastbetrieb.

Fahrenergie:

Gleichstrom, Fahrspannung 750 Volt.

Fahrspur:

1435 mm Spurweite.
Gleiskörper mit Stahlkranz befahrbar.

Fahrgeschwindigkeit:

Durchschnittlich etwa 25,0 km/h.
Höchstgeschwindigkeit 80,0 km/h.

3.91. Marseille

Das Nahverkehrssystem - Bahn - wird in Marseille „Metro" genannt.

Inbetriebnahme 1977

Der Streckenplan

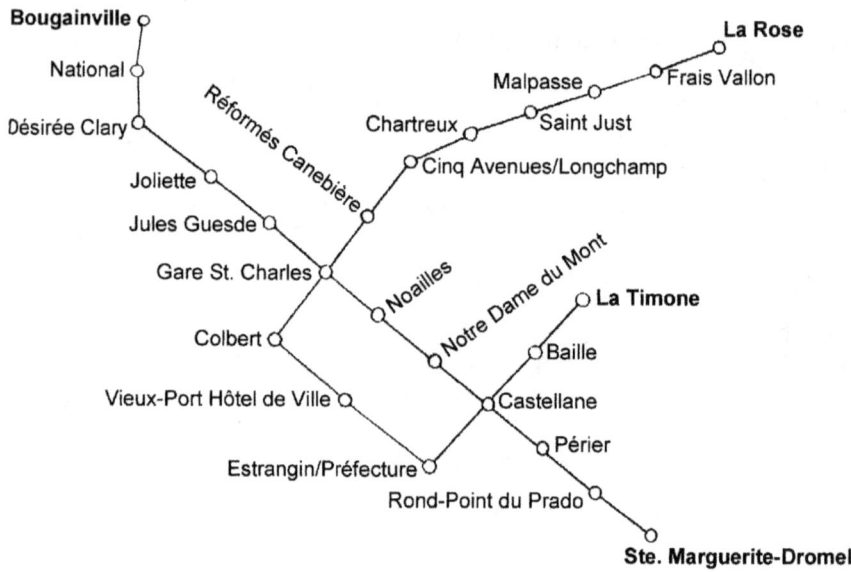

Bild 159 - Streckenplan der Metro von Marseille

Strecke und Stationen

teilweise als Tunnelbahn,
teilweise als Hochstrecke,
teilweise im Straßenniveau,
teilweise im offenen Einschnitt.

Bahnsteige:

- teilweise Seitenbahnsteige, 3,50 m bis 4,20 m breit,
- teilweise Mittelbahnsteige etwa 8,00 m breit.

Bahnsteiglänge:

70,00 bis 90,00 m lang.
Ausnahme die Station Castellane, 145,00 m lang.

Stationsentfernungen:

etwa 760 m.

Technische Angaben

Fahrbetrieb:

Überwiegend automatisch, mit Triebwagenführer.

Fahrzeuge:

Es gibt Triebwagen und Beiwagen. Ihre Maße sind:

Triebwagen

- 16,18 m lang,
- 2,60 m breit.

Beiwagen

- 15,38 m lang,
- 2,60 m breit.

Betriebsmäßig eingesetzte Züge bestehen aus 3 bzw. 5 Elementen. Für Züge mit 3 Elementen ist zwischen 2 Triebwagen ein Beiwagen gekuppelt. Bei 5-Wagen-Zügen werden zwei baugleiche Kopfwagen (Triebwagen) als Führungs- und Schlußelement verwendet. Drei Beiwagen ergänzen als Zwischenelemente den Zug.
In jedem Trieb- und auch Beiwagen sind 44 Sitz- und 72 Stehplätze.
Eine Zugeinheit mit 3 Wagen hat eine Gesamtlänge von 47,74 m. Sie ist für 348 Fahrgäste ausgelegt.
Die Zugeinheit mit 5 Wagen hat eine Gesamtlänge von 78,50 m. Ein 5-Wagen-Zug kann maximal 580 Fahrgäste befördern.
Die Wagen haben Mittelgang und zu jeder Seite Doppelsitze.
An jeder Wagenseite sind Trieb- und Beiwagen mit je drei Schwenkschiebetüren für den Fahrgastbetrieb ausgestattet.

Fahrenergie:

Gleichstrom, Fahrspannung 750 Volt.

Fahrspur:

Die Fahrspur beträgt 2000 mm für luftbereifte Räder und 1435 mm für Stahlräder.
Der für den Einsatz der luftbereiften Fahrzeuge gestaltete Oberbau besteht aus Querschwellen, die in Schotterbettung verlegt sind. Die Stahlräder sichern die Spurtreue.

Fahrgeschwindigkeit:

Reisegeschwindigkeit durchschnittlich 33,0 km/h.
Höchstgeschwindigkeit 80,0 km/h.

Bild 160 – Führerstand eines Triebwagens

Bild 161 – Eingang zur Metrostation Castellane

Bild 162 – Gleisanlage mit Ansicht der Oberbaugestaltung

Bild 163 – Ein 5-Wagen-Zug der Metro in einem Seitenbahnsteig

Bild 164 – Blick auf die gummibereiften Räder mit seitlicher Führung

Bild 165 – Wageninneres einer Metro in Marseille

Bild 166 – Zug mit geöffneten Schwenkschiebetüren

3.92. Medellin

Das Nahverkehrssystem - Bahn - wird in Medellin „Metro" genannt.

Inbetriebnahme 1995

Der Streckenplan

Bild 167 – Streckenplan der Metro von Medellin

Strecke und Stationen

Die Gleisführung erfolgt als Hochstrecke auf Viadukten.

Bahnsteige:
- Seitenbahnsteige.

Bahnsteiglänge:
etwa 100,00 m.

Stationsentfernungen:

Linie A durchschnittlich etwa 1290 m, Linie B etwa 933 m.

Technische Angaben

Fahrbetrieb:

Überwiegend automatisch, mit Triebwagenführer.

Fahrzeuge:

Es gibt Triebwagen und Beiwagen. Ihre Maße sind:

Triebwagen

- 16,30 m lang,
- 2,60 m breit.

Beiwagen

- 15,40 m lang,
- 2,60 m breit.

Betriebsmäßig eingesetzte Züge bestehen aus 4 Wagen. Zwischen 2 Triebwagen sind 2 Beiwagen gekuppelt.
In jedem Trieb- und auch Beiwagen sind 40 Sitz- und 120 Stehplätze.
Eine Zugeinheit hat eine Gesamtlänge von 63,40 m. Sie ist für 640 Fahrgäste ausgelegt.

Die Wagen haben Mittelgang, zu jeder Seite Längssitze. An den Kopfseiten je 5 Sitze nebeneinander.

Trieb- und Beiwagen sind längsseits mit je drei Doppeltüren für den Fahrgastbetrieb ausgestattet.

Fahrenergie:

Gleichstrom, Fahrspannung 750 Volt.

Fahrspur:

Die Fahrspur beträgt 1435 mm für Stahlräder.

Fahrgeschwindigkeit:

Reisegeschwindigkeit durchschnittlich 35,0 km/h.
Höchstgeschwindigkeit 80,0 km/h.

3.93. Meerbusch

Das Nahverkehrssystem - Bahn - in Meerbusch ist eine „U-Straßenbahn".
Diese Bahn wird in Meerbusch auch als „U-(Stadt)Bahn" bezeichnet.

Inbetriebnahme 1989

Der Streckenplan

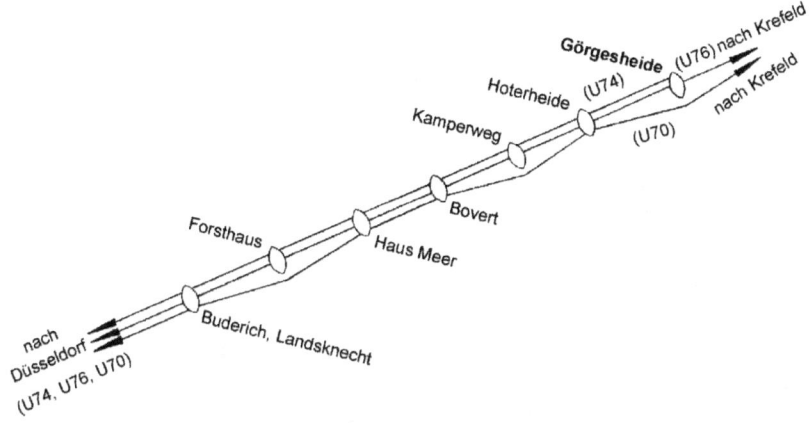

Bild 168 - Streckenplan der U-(Stadt)Bahn von Meerbusch

Strecke und Stationen

Die Streckenführung ist oberirdisch ebenerdig.

Bahnsteige:

Die Bahnsteige sind Seitenbahnsteige.

Bahnsteiglänge:

ca. 80 m.

Stationsentfernungen:

Die durchschnittliche Stationsentfernung beträgt etwa 980 m.

Technische Angaben

Fahrbetrieb:

Überwiegend automatisch, mit Triebwagenführer.

Fahrzeuge:

zweiteilige Zweirichtungs-Gelenktriebwagen

- 28,00 m lang,
- 2,65 m breit,
- 3,36 m hoch.

Der längste betriebsmäßig eingesetzte Zug besteht aus 2 zweiteiligen Zweirichtungs-Gelenktriebwagen.
Seine Gesamtlänge beträgt 56,00 m. In jedem Gelenktriebwagen finden 282 Fahrgäste Platz. Davon sind 70 Sitz- und 212 Stehplätze.
Ein Zug ist somit für 564 Fahrgäste ausgelegt.
Die Wagen haben Mittelgang, Einzel- und Doppelsitze. Sie haben beidseitig zwei Einfach- und vier Doppeltüren für den Fahrgastbetrieb.

Fahrenergie:

Gleichstrom, Fahrspannung 750 Volt.

Fahrspur:

1435 mm Spurweite.
Gleiskörper mit Stahlkranz befahrbar.

Fahrgeschwindigkeit:

Reisegeschwindigkeit durchschnittlich 24,5 km/h.
Höchstgeschwindigkeit 70,0 km/h.

Bild 169 – U-(Stadt)Bahnzug der Linie U76 in Richtung Krefeld

Bild 170 – U-(Stadt)Bahnzug der Linie U76 in Richtung Düsseldorf

3.94. Melbourne

Das Nahverkehrssystem - Bahn - wird in Melbourne „Metropolitan" genannt.

Inbetriebnahme 1981/1984

Der Streckenplan

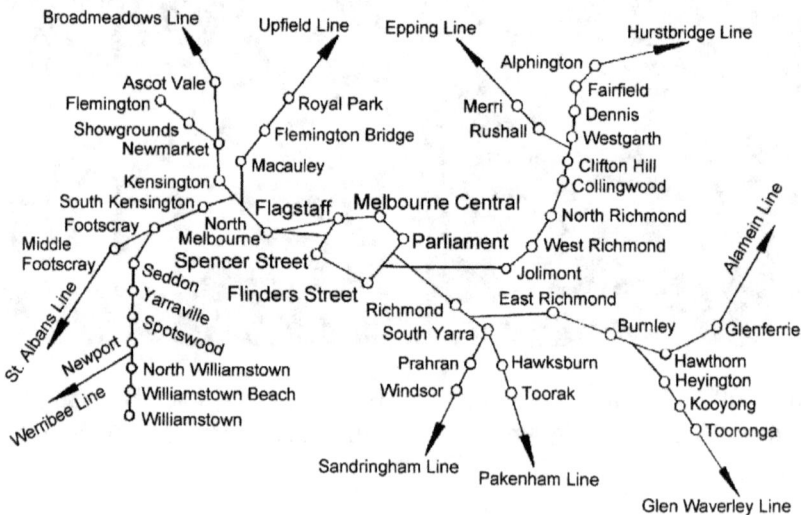

Bild 171 – Streckenplan der Metropolitan von Melbourne

Strecke und Stationen

Die Gleisführung erfolgt ebenerdig, für drei Stationen im Tunnel.

Bahnsteige:

- teilweise Mittelbahnsteige,
- teilweise Seitenbahnsteige.

Bahnsteiglänge:

160,50 m bis 168,00 m.

Stationsentfernungen:

durchschnittlich etwa 3400 m.

Technische Angaben

Fahrbetrieb:

Überwiegend automatisch, mit Triebwagenführer.

Fahrzeuge:

Es gibt Triebwagen und Beiwagen. Ihre Maße sind:

Triebwagen	Beiwagen
- 20,18 m lang,	- 28,18 m lang,
- 2,82 m breit,	- 2,82 m breit.

Betriebsmäßig eingesetzte Züge bestehen aus 4 Wagen. Zwischen 2 Triebwagen sind 2 Beiwagen gekuppelt.
In jedem Trieb- und auch Beiwagen sind 40 Sitz- und 120 Stehplätze.
Eine Zugeinheit hat eine Gesamtlänge von 96,72 m. Sie ist für 640 Fahrgäste ausgelegt.
Die Wagen haben Mittelgang, zu jeder Seite Längssitze. An den Kopfseiten je 5 Sitze nebeneinander.
Trieb- und Beiwagen sind längsseits mit je drei Doppeltüren für den Fahrgastbetrieb ausgestattet.

Fahrenergie:

Gleichstrom, Fahrspannung 1500 Volt.

Fahrspur:

Die Fahrspur beträgt 1600 mm für Stahlräder.

Fahrgeschwindigkeit:

Reisegeschwindigkeit durchschnittlich 35,0 km/h.
Höchstgeschwindigkeit 80,0 km/h.

3.95. Mexico Stadt

Das Nahverkehrssystem - Bahn - wird in Mexico Stadt „Metro" genannt.

Inbetriebnahme 1969

Der Streckenplan

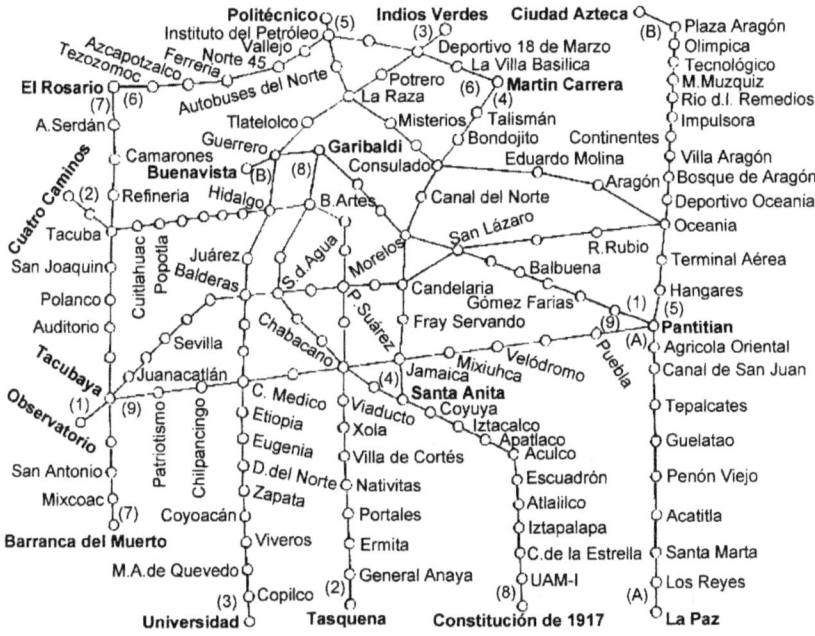

Bild 172 – Streckenplan der Metro von Mexico Stadt

Strecke und Stationen

Die Gleisführung erfolgt
- teilweise ebenerdig,
- teilweise in Hochlage,
- teilweise im Tunnel.

Bahnsteige:

- teilweise Mittelbahnsteige,
- teilweise Seitenbahnsteige.

Bahnsteiglänge:

150,00 m bis 170,00 m.

Stationsentfernungen:

durchschnittlich etwa 1000 m.

Technische Angaben

Fahrbetrieb:

Überwiegend automatisch, mit Triebwagenführer.

Fahrzeuge:

Es gibt Triebwagen und Beiwagen. Ihre Maße sind:

Triebwagen	Beiwagen
- 16,50 m lang,	- 16,21 m lang,
- 2,80 m breit,	- 2,80 m breit.

Die Wagen werden zu dreier Gruppen gekuppelt. Zwischen jeweils zwei Triebwagen ist ein Beiwagen eingefügt.
Betriebsmäßig eingesetzte Züge bestehen aus 2 oder 3 dreier Gruppen. D.h. es werden Züge mit 6 bzw. 9 Wagen gefahren.
In jedem Trieb- und auch Beiwagen sind 40 Sitz- und 120 Stehplätze.
Eine Zugeinheit mit 6 Wagen hat eine Gesamtlänge von 98,42 m. Mit

ihr können 960 Fahrgäste befördert werden. Züge mit 9 Wagen sind 147,63 m lang. Sie können 1440 Fahrgäste befördern.

Die Wagen haben Mittelgang, zu jeder Seite Längssitze. An den Kopfseiten je 5 Sitze nebeneinander. Trieb- und Beiwagen sind längsseits mit je vier Doppeltüren für den Fahrgastbetrieb ausgestattet.

Fahrenergie:

Gleichstrom, Fahrspannung 750 Volt.

Fahrspur:

Es werden gummibereifte Fahrzeuge eingesetzt. Die Fahrspur beträgt 1995 für die gummibereiften Räder und 1435 mm für Stahlräder, die zur Spursicherung dienen.

Fahrgeschwindigkeit:

Reisegeschwindigkeit durchschnittlich 35,0 km/h.
Höchstgeschwindigkeit 80,0 km/h.

3.96. Miami

Das Nahverkehrssystem - Bahn – ist in Miami im Jahre 1984 in Nutzung genommen worden. Gegenwärtig bestehen zwei selbständige Bahn-Systeme. Eine der Bahnen wird unter dem Begriff „Metrorail", die andere unter dem Namen „Metromover" geführt.

Die Metrorail beginnt südlich der Stadt in Dadeland South, durchfährt das Stadtzentrum von Miami und endet im Nordosten in Palmetto. Diese Bahn verfügt über eine Strecke mit 22 Haltepunkten. Ihre Streckenführung erfolgt teilweise ebenerdig und überwiegend als Hochbahn.

Die Metromover, auch Downtown-People-Mover genannt, verkehrt auf einer Streckenführung die ausschließlich im Stadtzentrum von Miami verläuft. Zwei miteinander verknüpfte Ringlinien und zwei daraus abzweigende Gleisführungen stellen das Streckennetz dar.

Die Bahn fährt fahrerlos, vollautomatisch als Hochbahn. Jeder Zug besteht aus nur einem oder zwei klimatisierten Wagen. Diese fahren auf gummibereiften Rädern. Deren Spurweite hat ein Innenmaß von etwa 1600 mm und ein Außenmaß von etwa 2000 mm. Die Spurtreue wird über eine Stahlschienenführung sichergestellt. Die Fahrzeuge der Metromover ähneln einem zwangsgeführten Bus, der auf Viadkten fährt.

Fahrgastwechsel zwischen den beiden Bahnsystemen, Metrorail und Metromover, ist in den Bahnhöfen Government Center und Brickell möglich.

Bild 173 – Die Metromover als Hochbahn im Stadtzentrum von Miami

Bild 174 – Metromover (Downtown-People-Mover) auf der Ringlinie

Bild 175 – Die Metro im Bankenviertel von Miami

3.96.1 Miami I

Das Nahverkehrssystem - Bahn - wird in Miami „Metrorail" genannt.

Inbetriebnahme 1984

Der Streckenplan

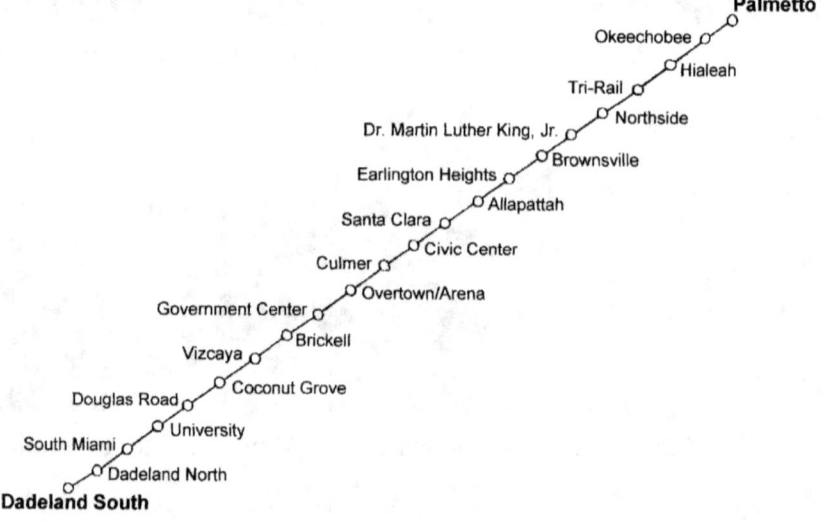

Bild 176 – Streckenplan der Metrorail von Miami

Strecke und Stationen

Die Gleisführung erfolgt überwiegend auf Viadukten, teilweise auch ebenerdig.

Bahnsteige:

- teilweise Seitenbahnsteige,
- überwiegend Mittelbahnsteige.

Bahnsteiglänge:

160 m.

Stationsentfernungen:

Die durchschnittliche Stationsentfernung beträgt etwa 1600 m.

Technische Angaben

Fahrbetrieb:

Überwiegend automatisch, mit Triebwagenführer.

Fahrzeuge:

Alle verfügbaren Fahrzeuge sind Triebwagen. Mit folgenden Maßen:
- 22,860 m lang,
- 3,175 m breit,
- 3,660 m hoch.

Jeweils zwei Triebwagen werden zu einer Wagengruppe zusammengekuppelt. Der längste betriebsmäßig eingesetzte Zug besteht aus drei Wagengruppen, also sechs Wagen. Betriebsmäßig werden Züge mit vier und sechs Wagen eingesetzt. Vier-Wagen-Züge haben eine Gesamtlänge von 91,44 m. Sechs-Wagen-Züge haben eine Gesamtlänge von 137,16 m. In jedem Triebwagen finden 166 Fahrgäste Platz. Davon sind 74 Sitz- und 92 Stehplätze. Ein Vier-Wagen-Zug ist somit für 664 Fahrgäste und ein Sechs-Wagen-Zug für 996 Fahrgäste ausgelegt.

Die Wagen haben Mittelgang und beidseitig Doppelsitze. Sie haben zu jeder Längsseite drei Doppeltüren für den Fahrgastbetrieb.

Fahrenergie:

Gleichstrom, Fahrspannung 750 Volt.

Fahrspur:

1435 mm Spurweite.
Gleiskörper mit Stahlkranz befahrbar.

Fahrgeschwindigkeit:

Reisegeschwindigkeit durchschnittlich 64,0 km/h.
Höchstgeschwindigkeit 113,0 km/h.

3.96.2 Miami II

Das Nahverkehrssystem - Bahn - wird in Miami „Metromover", auch „Peoplemover", genannt.

Inbetriebnahme 1986

Der Streckenplan

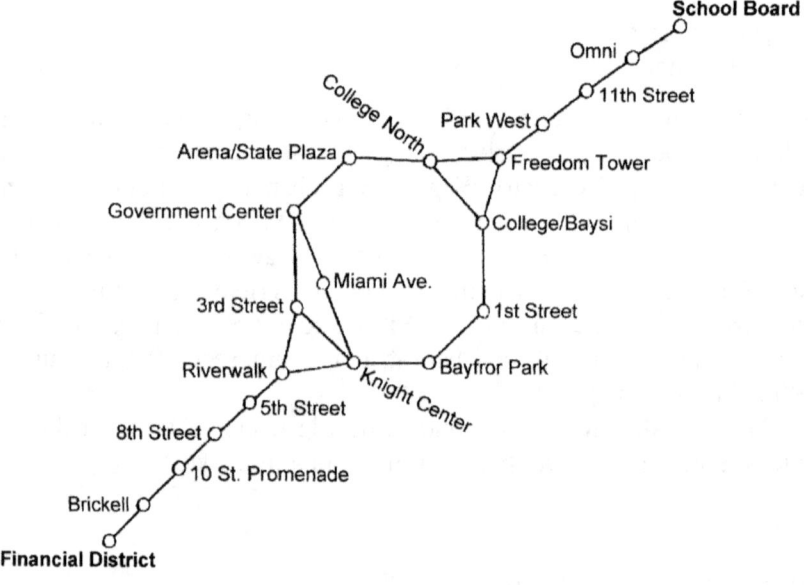

Bild 177 – Streckenplan der Metromover von Miami

Strecke und Stationen

Die Gleisführung erfolgt ebenerdig, für drei Stationen im Tunnel.

Bahnsteige:

- teilweise Seitenbahnsteige,
- teilweise Mittelbahnsteige.

Bahnsteiglänge:

etwa 40 m.

Stationsentfernungen:

Die durchschnittliche Stationsentfernung beträgt etwa 350 bis 400 m.

Technische Angaben

Fahrbetrieb:

Vollautomatisch, ohne Triebwagenführer.

Fahrzeuge:

Alle Fahrzeuge sind vollautomatische Triebwagen. Ihre Maße sind:

- 11,89 m lang,   - 3,18 m breit,   - 3,26 m hoch.

Betriebsmäßig eingesetzte Züge bestehen aus nur einem oder zwei klimatisierten Wagen. 2-Wagen-Züge sind 23,88 m. In jedem Wagen finden etwa 100 Fahrgäste Platz. Davon sind 32 Sitzplätze.
Die Wagen haben Mittelgang und beidseitig Doppelsitze. Sie haben zu jeder Längsseite zwei Türen für den Fahrgastbetrieb.

Fahrenergie:

Gleichstrom, Fahrspannung 750 Volt.

Fahrspur:

Die Fahrspur beträgt 1600 bis 2000 mm für luftbereifte Räder. Die Spurführung besteht aus Beton.

Fahrgeschwindigkeit:

Reisegeschwindigkeit durchschnittlich 20,0 km/h.
Höchstgeschwindigkeit 48,0 km/h.

3.97. Minsk

Das Nahverkehrssystem - Bahn - wird in Minsk „Metropolitana" genannt.

Inbetriebnahme: 1984

Der Streckenplan

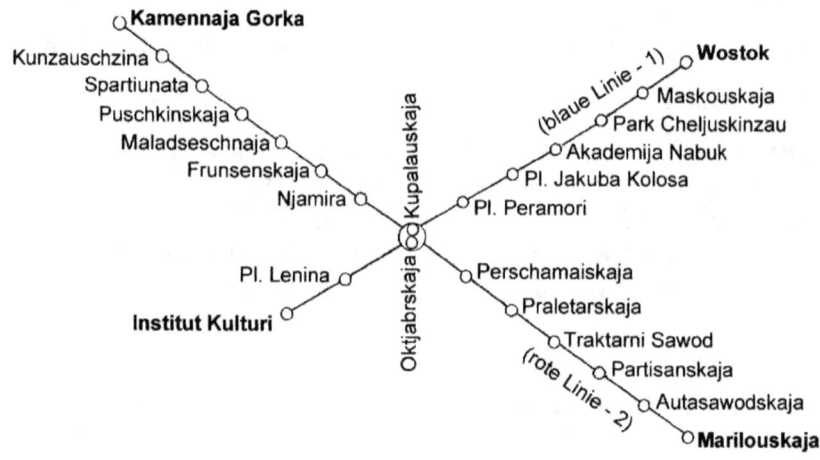

Bild 178 – Streckenplan der Metropolitana in Minsk

Strecke und Stationen

Die gesamte Streckenführung verläuft im Tunnel.

Bahnsteige:

- alle Bahnsteige sind Mittelbahnsteige,
- nur der Bahnsteig Perschamaiskaja verfügt über Seitenbahnsteige.

Bahnsteiglänge:

- auf der blauen Linie (Linie 1) etwa 100 m,
- auf der roten Linie (Linie 2) etwa 90 m.

Stationsentfernungen:

durchschnittlich etwa 1500 m.

Technische Angaben

Fahrbetrieb:

Überwiegend automatisch, mit Triebwagenführer.

Fahrzeuge:

Es gibt Triebwagen und Motorwagen. Motorwagen verfügen über ein höheres Platzangebot. Die Abmaße der Wagen sind einheitlich.

Fahrzeugabmessungen:

- 19,20 m lang,
- 2,70 m breit,
- 3,65 m hoch.

Die Bahnsteige auf der roten Linie (Linie 2) sind mit 90 m Länge für Vier-Wagen-Züge ausgelegt.
Die Bahnsteige auf der blauen Linie (Linie 1) sind mit 100 m für Fünf-Wagen-Züge ausgelegt.
Die Züge bestehen aus zwei Triebwagen, die jeweils am Anfang und Ende fahren. Dazwischen sind zwei bzw. drei Motorwagen gekuppelt. Die Gesamtlänge eines Zuges auf der roten Linie (Linie 2) beträgt 76,80 m. Ein solcher Zug kann 1128 Fahrgäste zugleich aufnehmen.

Die Gesamtlänge eines Zuges auf der blauen Linie (Linie 1) beträgt 96,00 m. Er kann 1410 Fahrgäste zugleich aufnehmen.
Alle Wagen haben Mittelgang und Seitensitze. Sie sind beidseitig mit jeweils 4 Doppeltüren für den Fahrgastbetrieb ausgestattet.

Fahrenergie:

Gleichstrom, Fahrspannung 825 Volt.

Fahrspur:

1520 mm Spurweite.
Gleiskörper mit Stahlkranz befahrbar.

Fahrgeschwindigkeit:

durchschnittlich 41,6 km/h.
Höchstgeschwindigkeit 90,0 km/h.

Fahrpreis mittels Ship: 400 Rubel = 0,16 € (Preis im Jahre 2005)

Bild 179 und 180 – Vorder- und Rückansicht des Ships zur Fahrtberechtigung

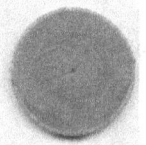 

Fahrpreis mittels Fahrschein: 200 Rubel = 0,08 € (Preis im Jahre 2005)

Bild 181 – Vorderseite eines Fahrscheins zur Fahrtberechtigung

Bild 182 – Rückseite eines Fahrscheins zur Fahrtberechtigung

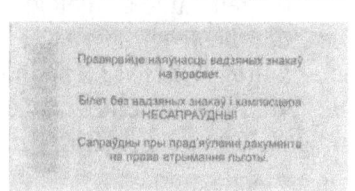

3.98. Monterrey

Das Nahverkehrssystem - Bahn - wird in Monterrey „Metro" genannt.

Inbetriebnahme 1991

Der Streckenplan

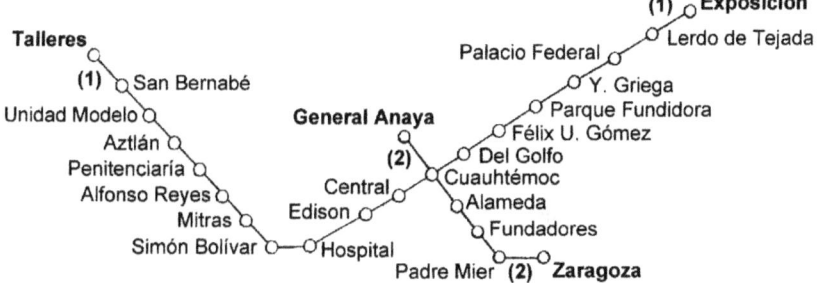

Bild 183 – Streckenplan der Metro von Monterrey

Strecke und Stationen

- teilweise auf Viadukten,
- teilweise ebenerdig,
- teilweise im Tunnel.

Bahnsteige:

- teilweise Mittelbahnsteige,
- überwiegend Seitenbahnsteige.

Bahnsteiglänge:

110,00 m.

Stationsentfernungen:

Auf der Linie 1 durchschnittlich etwa 1800 m, Linie 2 etwa 900 m.

Technische Angaben

Fahrbetrieb:

Überwiegend automatisch, mit Triebwagenführer.

Fahrzeuge:

Eingesetzt werden Triebwagen. Ihre Maße sind:

Triebwagen

- 17,18 m lang,
- 2,80 m breit.

Betriebsmäßig eingesetzte Züge bestehen aus 4 Wagen.
In jedem Triebwagen sind 36 Sitz- und 72 Stehplätze.
Eine Zugeinheit hat eine Gesamtlänge von 68,76 m. Sie ist für 432 Fahrgäste ausgelegt.
Die Wagen haben Mittelgang. Beidseitig je drei Doppeltüren gestatten den Fahrgastwechsel.

Fahrenergie:

Gleichstrom, Fahrspannung 750 Volt.

Fahrspur:

1435 mm Spurweite. Gleiskörper mit Stahlkranz befahrbar.

Fahrgeschwindigkeit:

Reisegeschwindigkeit durchschnittlich 35,0 km/h.
Höchstgeschwindigkeit 80,0 km/h.

3.99. Montreal

Das Nahverkehrssystem - Bahn - wird in Montreal „Metro" genannt.

Inbetriebnahme: 1966

Der Streckenplan

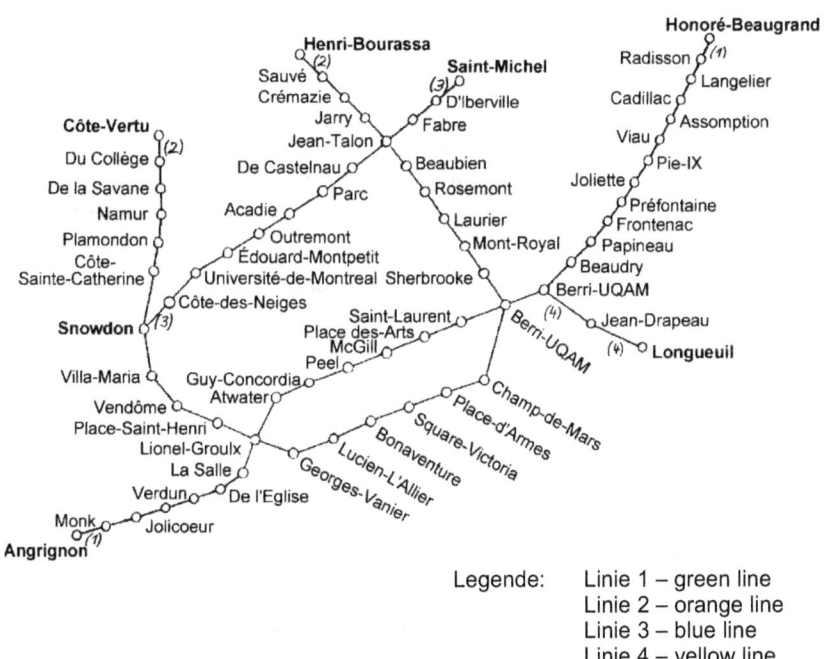

Bild 184 – Streckenplan der Metro in Montreal

Strecke und Stationen

Die Metro fährt nur als Tunnelbahn.

Bahnsteige:

- überwiegend Seitenbahnsteige, 4,00 m breit,
- teilweise Mittelbahnsteige.

Bahnsteiglänge:

Die Bahnsteige sind etwa 154,00 m lang.

Stationsentfernungen:

etwa 860 m.

Technische Angaben

Fahrbetrieb:

Überwiegend automatisch. Die Züge werden jeweils von zwei Triebwagenführer gesteuert. Während der eine den Zug von der Spitze aus fährt, besorgt der zweite vom Schlußwagen aus die Zugabfertigung. An den Endstationen werden bei Fahrtrichtungsumkehr die Aufgaben getauscht, ohne daß die Plätze verlassen werden.

Fahrzeuge:

Es gibt Triebwagen und Beiwagen. Ihre Maße sind einheitlich:

Triebwagen und Beiwagen

- 17,07 m lang,
- 2,51 m breit.

Von den Trieb- und Beiwagen werden jeweils drei Wagen zu einer Einheit verbunden. Dazu werden je ein Triebwagen am Anfang und Ende der Einheit und dazwischen ein Beiwagen gekuppelt.

Betriebsmäßig eingesetzte Züge bestehen aus 2 oder 3 Einheiten. Damit verkehren Züge mit 6 bzw. 9 Wagen.
In jedem Trieb- und auch Beiwagen sind 40 Sitz- und 127 Stehplätze.
Ein Zug mit 6 Wagen hat eine Gesamtlänge von 102,42 m. Er ist für 1002 Fahrgäste ausgelegt.
Der Zug mit drei Einheiten, also mit 9 Wagen, hat eine Gesamtlänge von 153,63 m. Ein 9-Wagen-Zug kann maximal 1503 Fahrgäste befördern.
Die Wagen haben Mittelgang und zu jeder Seite Einzel- und Doppelsitze.
An jeder Wagenseite sind Trieb- und Beiwagen mit je vier Doppeltüren für den Fahrgastbetrieb ausgestattet.

Fahrenergie:

Gleichstrom, Fahrspannung 750 Volt.

Fahrspur:

Die Fahrspur beträgt 2000 mm für luftbereifte Räder und 1435 mm für Stahlräder.
Der für den Einsatz der luftbereiften Fahrzeuge gestaltete Oberbau besteht aus Querschwellen, die in Schotterbettung verlegt sind. Die Stahlräder sichern die Spurtreue.
Im Bereich der Bahnhöfe besteht eine Betonbettung.

Fahrgeschwindigkeit:

Reisegeschwindigkeit durchschnittlich 41,0 km/h.
Höchstgeschwindigkeit 80,0 km/h.

Bild 185 – Gummibereifte Metro in der Station Namur (*orange line*)

Bild 186 – Metrozug in der Station Monk auf der *green line*

3.100. Moskau

Das Nahverkehrssystem – Bahn – ist in Moskau im Jahre 1935 in Nutzung genommen worden. Gegenwärtig bestehen zwei selbständige Bahn-Systeme. Die ursprüngliche Bahn wird unter dem Begriff Metro geführt. Das zweite System ist als Monorail M1 bekannt.

Das Moskauer-Metro-System verkörpert die klassische Untergrundbahn. Die Streckenführung der Metro verläuft überwiegend unter der Erdoberfläche. Außerhalb des Zentrums wird sie teilweise ebenerdig und als Hochbahn auf Viadukten geführt.

Die Metro verfügt über 11 Linien.

Das Zentrum von Moskau wird von einer Ringbahn umschlossen. In diesem Ring verkehren acht Linien. Sie verlaufen strahlenförmig in alle Richtungen und kreuzen den Ring. Eine zehnte Linie beginnt gegenwärtig am Ring. Die Planung sieht in der Streckenführung ebenfalls ein Durchlaufen des Zentrums mit zweimaligem kreuzen der Ringbahn vor. Die elfte, die kürzeste Linie, verfügt über drei Haltepunkte und liegt außerhalb des Ringes.

Die Metrorail M1 ist eine Gliederbahn. Diese besteht aus zwei Kopfsegmenten und mehreren Zwischengliedern. Sie fährt einspurig als Hochbahn und wird zwischen dem Ausstellungscenter (am Kosmonautenpark), dem Fernsehturm in Ostankino und den Moskauer Fernsehstudios fahrerlos geführt. Sie dient überwiegend touristischen Zwecken.

3.100.1. Moskau I

Das Nahverkehrssystem - Bahn - wird in Moskau „Metro" genannt.

Inbetriebnahme: 1935

Der Streckenplan

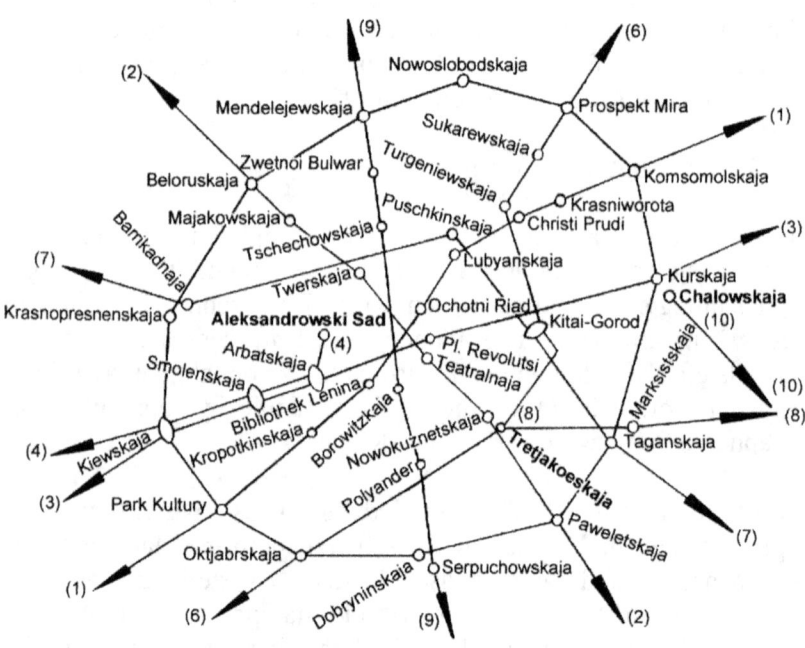

Bild 187 – Streckenplan (Auszug) der Metro in Moskau

Strecke und Stationen

Der Streckenverlauf ist
- überwiegend im Tunnel,
- teilweise im Einschnitt,
- teilweise ebenerdig.

Bahnsteige:

- überwiegend Mittelbahnsteige,
- teilweise Seitenbahnsteige.

Bahnsteiglänge:

- auf der Ringlinie (Kolzewa Linija) 120 m (für 6 Wagen),
- auf allen anderen Linien 160 m (für 8 Wagen).

Stationsentfernungen:

durchschnittlich etwa 1500 m.

Technische Angaben

Fahrbetrieb:

Überwiegend automatisch, mit Triebwagenführer.

Fahrzeuge:

Es gibt Triebwagen und Motorwagen. Motorwagen verfügen über ein höheres Platzangebot. Die Abmaße der Wagen sind einheitlich.

Fahrzeugabmessungen:

- 19,20 m lang,
- 2,70 m breit,
- 3,65 m hoch.

Die Bahnsteige auf der Ringlinie (Kolzewa Linija) sind mit 120 m Länge für Sechs-Wagen-Züge ausgelegt.

Auf allen anderen Linien sind die Bahnsteige mit einer Gesamtlänge von 160 m für Acht-Wagen-Züge vorgesehen.
Alle Züge bestehen aus zwei Zuggruppen. Es gibt Zuggruppen mit 2 und 4 Wagen. Eine Zwei-Wagen-Gruppe hat 2 Triebwagen. Für eine Vier-Wagen-Gruppe werden zwischen 2 Triebwagen 2 Motorwagen gekuppelt.
Sechs-Wagen-Züge bestehen aus einer Zwei-Wagen- und einer Vier-Wagen-Gruppe. Acht-Wagen-Züge sind aus 2 Vier-Wagen-Gruppen zusammengestellt.
Die Gesamtlänge eines Zuges auf der Ringlinie beträgt 115,20 m. Ein solcher Zug kann 1692 Fahrgäste zugleich aufnehmen.
Jeder Zug auf den anderen Linien hat eine Gesamtlänge von 153,60 m. Er bietet 2256 Fahrgästen Platz.
Alle Wagen haben Mittelgang und Seitensitze. Sie sind beidseitig mit jeweils 4 Doppeltüren für den Fahrgastbetrieb ausgestattet.

Fahrenergie:

Gleichstrom, Fahrspannung 825 Volt.

Fahrspur:

1520 mm Spurweite.
Gleiskörper mit Stahlkranz befahrbar.

Fahrgeschwindigkeit:

durchschnittlich 41,3 bis 42,0 km/h.
Höchstgeschwindigkeit 90,0 km/h.

3.100.2. Moskau II

Das zweite Nahverkehrssystem - Bahn - wird in Moskau „Metrorail M1" genannt.

Inbetriebnahme: 2004

Der Streckenplan

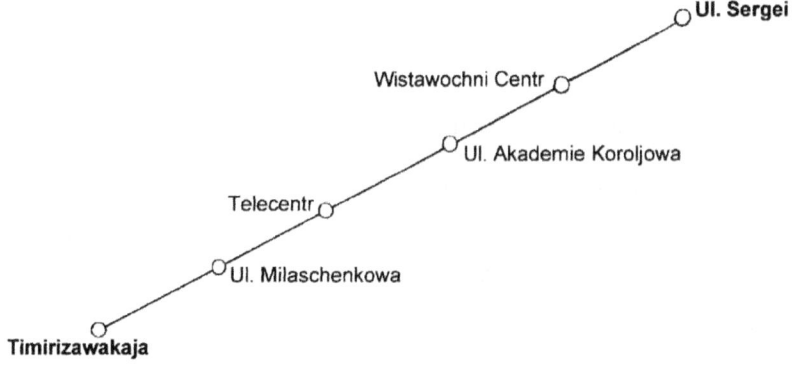

Bild 188 – Streckenplan der Metrorail M1 in Moskau

Strecke und Stationen

Die Metrorail M1 fährt als Hochbahn auf Viadukten.

Bahnsteige:

Für den Fahrgastwechsel sind Seitenbahnsteige angeordnet.

Bahnsteiglänge:

52,00 m.

Stationsentfernungen:

Die durchschnittliche Stationsentfernung beträgt 1160 m.

Technische Angaben

Fahrbetrieb:

vollautomatisch, fahrerlos.

Fahrzeuge:

Gliederzüge bestehend aus zwei Kopftriebwagen und vier Zwischensegmenten. Die Abmessungen der Gliederzüge betragen:
- 32,70 m lang,
- 2,13 m breit,
- 3,25 m hoch.

Der Betriebsablauf wird vollautomatisch in einer Betriebsleitstelle geregelt.
Eine Zugeinheit ist für 265 Fahrgäste ausgelegt. Davon sind 70 Sitz- und 195 Stehplätze. Die Wagen haben Mittelgang. Jeder Gliederzug ist beidseitig mit 6 Doppeltüren für den Fahrgastbetrieb ausgestattet.

Fahrenergie:

Gleichstrom, Fahrspannung 750 Volt.

Fahrspur:

Auf einer Betonfahrspur werden gummibereifte Tragräder geführt. Spurweite etwa 1500 mm.

Fahrgeschwindigkeit:

Durchschnittsgeschwindigkeit 30,0 km/h.
Höchstgeschwindigkeit 60,0 km/h.

3.101. Mülheim an der Ruhr

Das Nahverkehrssystem - Bahn - wird in der Stadt Mülheim an der Ruhr „U-Bahn" genannt.
Die Fahrzeuge und das Verkehrssystem erfüllen die Anforderungen sowohl einer Stadtbahn, wie auch die einer U-Bahn.
Zwischen den Städten Essen und Mülheim an der Ruhr gibt es ein Streckenverbundsystem. An die Streckenführung des U-Bahn-Netzes von Essen ist die Stadt Mühlheim an der Ruhr angeschlossen.

Inbetriebnahme 1979

Der Streckenplan

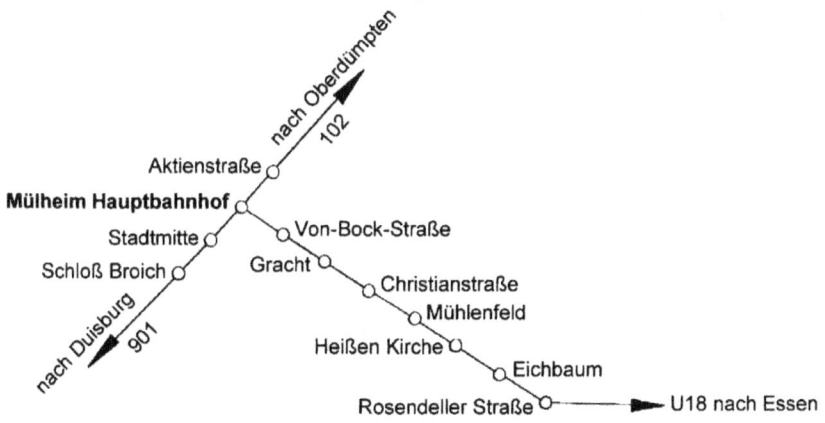

Bild 189 – Streckenplan der U-Bahn von Mülheim an der Ruhr

Strecke und Stationen

Die Bahn fährt
- überwiegend als Tunnelbahn,
- teilweise ebenerdig.

Bahnsteige:

- teilweise Mittelbahnsteige,
- teilweise Seitenbahnsteige.

Bahnsteiglänge:

60 m bis 115 m.

Stationsentfernungen:

durchschnittlich etwa 800 m.

Technische Angaben

Fahrbetrieb:

Überwiegend automatisch, mit Triebwagenführer.

Fahrzeuge:

Zweirichtungs-Gelenktriebwagen

- 27,50 m lang,
- 2,65 m breit,
- 3,36 m hoch.

Jeder Gelenktriebwagen kann 183 Fahrgäste aufnehmen. Bis zu drei Fahrzeuge können einen Zugverband bilden. Diese Zugeinheit bietet dann 549 Fahrgästen Platz.
Die Wagen haben Mittelgang, Einzel- und Doppelsitze. Sie haben beidseitig vier Doppeltüren für den Fahrgastbetrieb.

Fahrenergie:

Gleichstrom, Fahrspannung 750 Volt.

Fahrspur:

1435 mm Spurweite.
Gleiskörper mit Stahlkranz befahrbar.

Fahrgeschwindigkeit:

durchschnittlich etwa 32,0 km/h.
Höchstgeschwindigkeit 70,0 km/h.

Bild 190 und 191 – Züge der Linie U18 im Bahnhof Heißen Kirchen

3.102. München

Das Nahverkehrssystem - Bahn - wird in München „U-Bahn" genannt.

Inbetriebnahme 1971

Der Streckenplan

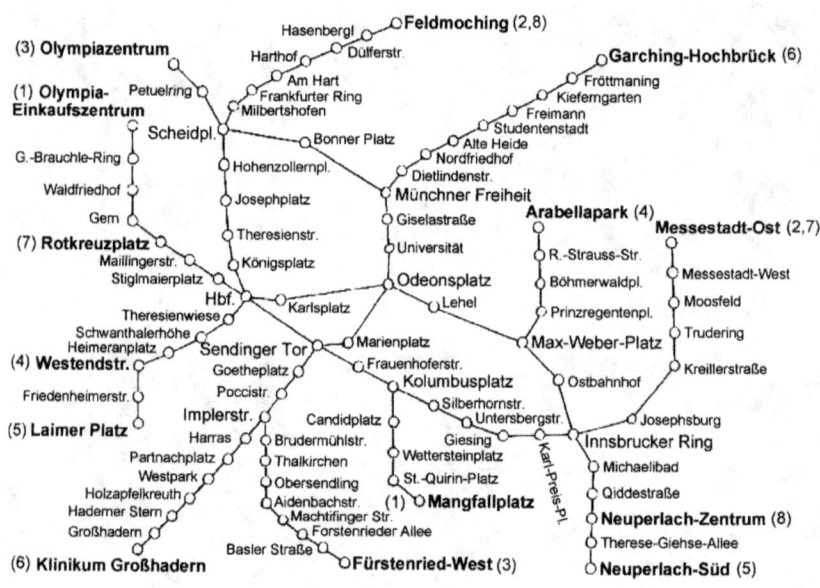

Bild 192 – Streckenplan der U-Bahn von München

Strecke und Stationen

Die Bahn fährt
- überwiegend als Tunnelbahn,
- teilweise ebenerdig,
- teilweise in Hochlage.

Bahnsteige:

- teilweise Mittelbahnsteige, 8,00 bis 10,00 m breit,
- teilweise Seitenbahnsteige, 4,00 bis 5,00 m breit.

Bahnsteiglänge:

120 m.

Stationsentfernungen:

durchschnittlich etwa 850 m.

Technische Angaben

Fahrbetrieb:

Überwiegend automatisch, mit Triebwagenführer.

Fahrzeuge:

Doppeltriebwagen aus verschiedenen Serien mit im wesentlichen äußerlichen Unterschieden, aber gleichen Abmessungen. Diese sind:

- 37,15 m lang,
- 2,65 m breit,
- 2,90 m hoch.

Jeder Doppeltriebwagen kann 290 Fahrgäste aufnehmen. Bis zu drei Doppeltriebwagen können einen Zugverband bilden. Diese Zugeinheit bietet dann 870 Fahrgästen Platz. Die Wagen haben Mittelgang und Doppelsitze quer zur Fahrtrichtung. Jeder Wagen verfügt beidseitig über drei Doppeltüren für den Fahrgastbetrieb.

Fahrenergie:

Gleichstrom, Fahrspannung 750 Volt.

Fahrspur:

1435 mm Spurweite.
Gleiskörper mit Stahlkranz befahrbar.

Fahrgeschwindigkeit:

durchschnittlich etwa 34,0 km/h.
Höchstgeschwindigkeit 80,0 km/h.

Bild 193 und 194 – Zwei Züge verschiedener Baureihen in München

www.ingramcontent.com/pod-product-compliance
Lightning Source LLC
Chambersburg PA
CBHW050137240426
43673CB00043B/1707